金錢爆之趣味投資學

直擊股、匯、債商品，散戶也能變大師

金融家開盤8法創始人
葉俊敏 著

當貨幣政策硝煙四起的時刻，各國品嚐著如鴉片般甜美的金流時，
投資人可想過，在「債」淹腳目的今日，當守還是當攻？
你可知真正的投資人正饒富興味的看著世界景氣，興奮的等待著．．．
這是一本從事財富管理的散戶、聰明戶必讀的書！

彩色圖解版
一本不打
沒把握的仗
必讀專書

強力推薦
台灣大學哲學系系主任／苑舉正
News 98 電台財經晚點名主持人／阮慕驊
東森財經台57金錢爆主持人／楊世光

主編序

談書市，談景氣

看到俊敏的新書付梓，心中如釋重負，去年接下葉大哥的付託，要筆者完成一系列的『財經晚點名系列』書，從筆者的《反崩壞》，到有忠的《跟著貨幣去旅行》，再到 Jack 的《迫切的擴張》，終於本系列的最後一本也上市了，可說是完成了使命。

近幾年來，台灣書市很不景氣，已少有出版社願意出較不具知名度作者的新書，而已有名氣的財經作者，多一再出書，所著重複者眾。此次，葉子出版社所出的系列財經書中，除我之外，其餘三位都是第一次出書，這都要感謝葉子出版社的葉大哥鼎力相助，不計成本的支持，否則不會有此系列書的問市。

雖然有忠、Jack 都是生平首次出書，但成果都很不錯，新書座談會也都獲得很多好朋友的參與和迴響，銷售成果也都不惡；當然，本系列的最後一部——《金錢爆之趣味投資學》——俊敏的新書，同樣期待愛護我們的讀者多加支持。

俊敏是台灣大學經濟系的高材生，擁有國家證券分析師資格，他不同其他的證券分析師，不僅僅只分析股市，更深入國內外的經濟情勢加以分析，見解可說是深入又獨到，在東森財經台的『57 金錢爆』節目中成為固定列席的財經專家，有一群死忠的粉絲支持。俊敏在節目中常常教授經濟學理論，被主持人楊世光稱為「葉老師」，筆者參加節目錄影與「葉老師」同

台，深感獲益良多。

由於瞭解俊敏深厚的學識與實務經驗，筆者就邀請他寫作本書，當時筆者告訴俊敏，出書是人生的重要里程碑，而今日看到他達到了這一步，心中甚是滿足，同時系列書終於完成，也算是筆者個人的另一里程碑；值此同時，要謝謝所有葉子出版社的同仁，當然最要感謝的除了葉大哥之外，就是本系列書的三位作者，有忠、Jack 和葉俊敏。

News 98 電台『財經晚點名』主持人

阮慕驊

推薦序

簡單易懂又有趣的經濟現象與國際趨勢分析

我以哲學人的身分，能夠參與『57 金錢爆』的節目，是我一生中最特別的經歷。我不是財經人，卻有幸在財經台發表觀點，評論事物，算得上是勇氣可嘉。我能有這份勇氣的原因，是因為節目中有真正懂財經的人做支撐；俊敏是這個支撐中最堅硬的一塊鐵板。

俊敏出身台大商學院，取得學士與碩士學位。他不但頂著高材生的光環，還有瀟灑的外表，以及幽默的口才。不過，最令我印象深刻的是，他在節目中所講的內容，不限於財經議題的技術分析，有時還涉入我所熟悉的哲學議題。

一位財經專家，能夠容忍哲學家在電視節目中高談闊論，是一件不容易的事情。專家大可引用一些技術性的圖表與程式，講一些令人瞠目結舌的術語，讓已經夠亮的光環，繼續發光。俊敏不是這樣的技術專家。他希望觀眾聽得懂，聽得有趣，甚至聽得回味無窮，所以他每次都在做完技術型分析之後，再針對國家或地區從總體發展的角度，做進一步的詮釋。

俊敏的詮釋不但能夠讓一般人聽得懂，就連我們坐在旁邊的人都能夠立即體會出經濟現象與國際政治之間的關聯。因此，在節目中，俊敏是主角，而我只是一個在旁邊做輔助說明的人。我感謝俊敏讓我能夠有機會坐在他的旁邊，一起討論天

下財經大事。

我們接觸的地區非常廣泛，有歐洲、美國、中國、日本以及新興國家。就財經議題而言，我們的討論涵蓋貨幣、股市、匯市以及原物料。在這麼多廣泛且複雜的題目中，我們在節目主持人滔滔不絕的引導下，最後總能夠將這些議題反映在台灣經濟上。在參與的過程中，我學到了很多知識，也往往特別注意俊敏在破題的時候所表現的專業能力。對於這些，我一直暗自佩服不已。

今天，很高興看到俊敏把這些題目集結成冊，並且按照地區國家，以及財經議題分成七個章節。《金錢爆之趣味投資學》的編輯非常活潑，色系多元，圖表豐富，意簡言賅。最難能可貴的，就是行文中，俊敏不改平日輕鬆詼諧的口吻，運用了很多有趣的字彙，溫暖了經濟學那種冰冷的感覺。誠如俊敏在第 6 章的題目所說的，經濟學也可以很有趣。

的確，看『57 金錢爆』的人，包含我本人在內，都會覺得經濟學其實可以很有趣。重點在於理解財經問題時，我們需要像俊敏這樣的人，能夠基於專業，深入淺出，立論豐富，行文輕鬆。當俊敏邀我幫他的書寫序時，我基於受惠者的身分，鄭重推薦本書，並誠摯地希望，本書能夠發揮『57 金錢爆』的精神，讓所有讀者感受瞭解財經議題的愉快。

國立台灣大學哲學系教授兼系主任

苑舉正

推薦序

小處著眼，大處著手之金錢爆趣味投資學

在自然科學的惟物論中，科學家不斷地挑戰和摸索著上帝造物的規律，在社會科學的惟心論中，經濟學家努力地瞭解人類在生存和發展中所發生的變異。

人類近百年不斷的科學革命，徹頭徹尾地改變了人類的生活模式與社群關係，而這一切的驅動力可說是來自於金融資本的強力運行。人們瞭解與參與金融資本的運作並不難，但透析市場背後的方方面面，卻需要專業知識、生活常識和創新意識交互為之。

在台灣，能以國際及財經議題為主軸的節目並不多，舉凡議題的發想、製作的執行，到來賓邀請等等，都有不為觀眾所理解的艱難，世光幸運棋逢好手，有俊敏的無私分享與指教，在這逾千集的金錢爆節目中，能不斷面對挑戰與彼此突破，為台灣電視圈再寫一頁輝煌。

俊敏的經濟學理之紮實、社會觀察之細微、實戰投資之豐富，為世光在節目中最為倚重、在業界中最為欣賞，今有幸為俊敏之著為文推薦，深感榮幸。俊敏之《金錢爆之趣味投資學》，從小處著眼，大處著手，希望此本專著能為台灣投資人開創一道幸福的投資之門。

東森財經台『57 金錢爆』主持人

楊世光

致讀者

我在『57 金錢爆』的日子

關於這本書的起緣應該要先從『57 金錢爆』講起，之前因為一些因緣際會，參與了『57 金錢爆』的節目，後來更沒有預期的是，竟當上了固定來賓……人生總是由許多意想不到的事情組合而成。

『57 金錢爆』的主持人楊世光是筆者熟識多年的朋友，腦筋轉動極快且話鋒犀利，他那有別於主流的獨立思考，往往使得節目具有非常獨特的製作風格；內容不但包含國內與國外股市，還包含匯市、債券、各種原物料、國際政治與軍事等等，可以說是包羅萬象，但依然維持了擁有自我想法的風格。在參與節目播錄的兩年多的時間裡，適逢歐債危機、美債降評等重大金融事件。為了更加瞭解國際事件的原貌，當然必須廣泛的收集資料，並與製作團隊腦力激盪，因此這段期間的收穫自是頗豐，也很榮幸能跟優秀的主持人與工作團隊合作。

在參與『57 金錢爆』的錄製過程中，探討的內容全面而有深度，所以本書多數內容都與錄製『57 金錢爆』有所相關，而為了讓內容更加易於理解以及能夠完整的論述、因應市場現況並貼近讀者，因此內容與圖表方面相較於節目上的，有所更改。所以筆者豐富了本書的內容，不只增加節目上沒有提及的部分，尚將本書內容含跨歐洲、美國、亞洲、原物料、貨幣政策，以及大家最關心的匯率與債券，尤其是與台灣密切相關的指數判讀等等；另一部分則是總經的觀念。當然，小小的一本書要涵蓋的面向多，難免必須要有所取捨，因而如果有所疏漏希望讀者海涵，但還是希望本書的內容能夠有助於讀者對於國際金融的理解；另外，在幾個篇幅前面有增加一些小故事，畢竟書的內容偏向總體經濟，避免內容過於生硬降低讀者閱讀的興趣，希望讀者能夠輕鬆的閱讀財經書是筆者的目標。

本書能夠完成出版，需要感謝阮慕驊先生的指導，以及葉子出版社的范湘渝小姐對於內容、排版提供專業的寶貴意見；同時感謝我的助理葉格致幫忙協助尋找資料並製作圖表，以及跟出版社之間的溝通橋樑；並且感謝我的父母長期的支持；最後感謝我的妻子陳慧雯要上班同時兼顧小孩，使筆者最終能夠讓書完成付梓。

金融家開盤 8 法創始人

葉俊敏

3 輪盤轉一轉——十年河東十年河西看亞洲 ……………… 71

4 貨幣比你想的更重要 …………………… 93

5 糧霸——原物料的新型態戰爭 …… 139

135
130
125
120
115
110
105
100
95
90
2006
2007
2008
2009
2010
2011
2012
2013

CHAPTER 1

歐洲那些人 那些事

金融海嘯之後，困擾全球市場的最重大金融事件就是歐債危機，而歐債不只是經濟事件，更是政治事件。

1.1 歐債冷暖 bank 先知

想要瞭解歐債危機何時才能化解，便要深入的去瞭解歐債危機為何會持續延燒，而理解美國與歐洲的政治差異，對於理解歐債危機會有很大的幫助——美國的「聯邦政府制」讓我們瞭解歐元區政治統合的方向。回歸到金融市場上的觀察，雖然股票未必是非常有效率的市場，但往往可以提供一些線索。美國歷經次貸與金融海嘯之後，包含美銀、高盛、摩根等多數銀行，他們並沒有回到風暴之前的高點，主要是因為次貸與金融海嘯對於金融類股造成很大的傷害，他們被嚴厲的監管，這從道瓊金融類股指數的表現可以得到證明；而持有最大歐債的正是歐洲的銀行，因此觀察歐債危機的發生，以及想知道何時可望得到化解，這些歐洲銀行確實是投資人重要的觀察指標。

西班牙股市 2011 年因歐債風暴及美國信評被標準普爾調降，在 9 月 13 日時出現了當年最低的 7,505 點；到了 2012 年初指數隨著國際股市反彈，2 月 16 日時來到了 8,558 點，然而，銀行類股卻表現相對大盤弱，以 Bankia 銀行為例（**如圖 1.1 所示**），Bankia 銀行領頭破底，跌至每股約 3.0 歐元，即跌破西班牙股市 7,505 點的相對低點位置（Bankia 銀行當時的股價約在 3.6 至 3.7 歐元），而西班牙股市則直至 4 月 10 日才破了 7,505 的低點。

Bankia 銀行領先破底必有其原因。2012 年 5 月 9 日，因 Bankia 銀行無力償還政府的債款，西班牙政府將救助 Bankia 銀行的債權轉為股權，進行入股而使該銀行國有化；5、6 月時，市場陸續有 Bankia 銀行的利空出現，一開始傳出需挹注 45 億歐元資金，後來陸續增至 190 億歐元，屆時西班牙政府的持股比例將逾 90%。洞是愈來愈大了，實際需挹注的金額到底要多少仍不可知，只能推測，如果沒有西班牙政府的介入，Bankia 銀行恐將倒閉破產。

西班牙的房地產破滅導致銀行產生過多的壞帳，而銀行又持有大量的西班牙政府公債，因此歐債問題的持續延燒，第一個受傷的必然是銀行，從 Bankia 銀行的走勢，我們只能說市場上永遠有人先知道，**股價領先破底，必有利空在後；股價領先創新高，必有利多在後**，這可說是履試不爽。

圖 1.1 西班牙 Bankia 銀行應聲破底

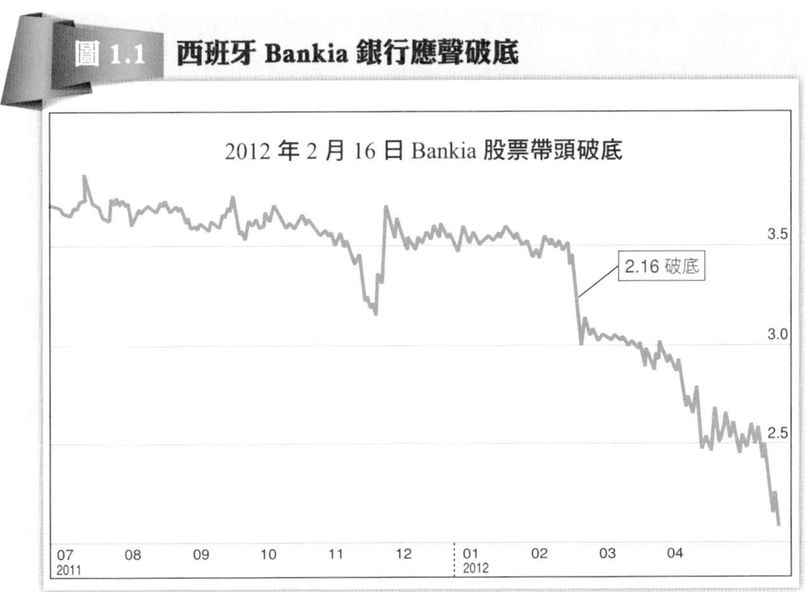

資料來源：yahoo finance (2012). http://finance.yahoo.com

1.2 歐版《白鯨記》——就這樣演了起來

1851 年，赫爾曼 · 梅爾維爾（Herman Melville）出版了相當有名的著作《白鯨記》，不過這本巨作一直到七十年之後才獲得世人的認同。1920 年它被認為是美國史上最偉大的小說之一；相較於哈利波特的作者 J. K. 羅琳的飛黃騰達，赫爾曼 · 梅爾維爾這麼久才獲得認同，可說是史上最悲情的小說家。由於作者本身曾經當過水手，再加上不斷的進行多位捕鯨人的經歷訪談，因此《白鯨記》可說是相當真實的捕鯨人故事。

故事內容主要圍繞在一名叫亞哈（Ahab）的捕鯨船船長，他帶領全體船員去獵捕名叫莫比 · 狄克（Moby-Dick）的白鯨。在《白鯨記》的故事中，白鯨最後獲得了勝利，到了 2012 年獵殺白鯨的故事，卻在歐洲的金融市場上演，而這次勝利的人是……

銀行股除了看股價以外，還有 CDS（Credit Default Swap，中文稱為**信用違約互換交易**）可以觀察；當然，不是只有銀行才有 CDS，比如說 GE、IBM 等科技股也有 CDS 交易；也不是每家公司都有 CDS，如國內銀行規模太小，並無 CDS 交易。一般而言，有 CDS 交易價格者皆為大型的金融機構或公司。看一看圖 1.2 投資人將會發現，摩根大通的 CDS 與股價原本是亦步亦趨的走勢，但早在事件爆發前兩個月，CDS 價值早就與股價背道而馳，一直到事件爆發之後，股價才回落至 CDS 位置附

圖 1.2 摩根大通股價及摩根大通 CDS 的走勢圖

資料來源：zerohedge (2012).

近，這只能說金融市場上永遠有人先知道。

CDS 交易解密

至於什麼是 CDS，簡單的說法就是銀行違約的保險費率，如果愈高，代表銀行違約風險愈大；在**圖** 1.2，黑色曲線是摩根大通銀行的股價（往上代表股價上漲，往下代表股價下跌），橘色曲線是摩根大通銀行的 CDS 走勢（反向標示，往上代表 CDS 愈低，即風險愈低，往下代表 CDS 愈高，即風險愈高）。因此，正常的情況是公司的股價往上，表示公司的經營前景樂觀，當然違約風險會降低，至少不會惡化，以**圖** 1.2 為例，黑色曲線（股價）往上走，橘色曲線（CDS）應往上走或走平，一旦發現有不同方向的走勢時，就應該特別留意；例如，2012 年 3 月下旬開始，黑色曲線（股價）往下走，橘色曲線（CDS）亦往下走，也就是說 CDS 開始走高了；之後，5 月 11 日，市場上傳出摩根大通銀行在英國倫敦的投資部位慘賠 20 億美元，在短短不到一週的時間裡，再上調至 30 億美元，5 月底時，已傳出其虧損金額高達 60 至 70 億美元，而負責投資的是摩根大通在倫敦首席交易辦公室唯一的交易員——人稱「倫敦鯨」的伊科西爾（Bruno Michel Iksil）。在這個財經事件裡我們看到了幾件事：

稍有不慎，鉅額虧損隨即產生

衍生性金融商品的槓桿非常高，稍有不慎即可能產生鉅額虧損。回顧眾多財經歷史，過去一、二十年來常因個人的錯誤

圖 1.3 摩根大通的操作方式

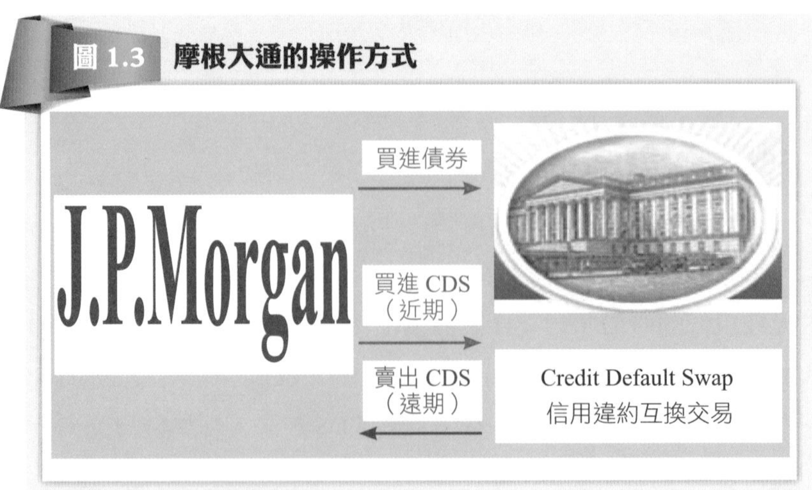

資料來源：美國財政部（2012）。

交易，搞倒百年機構，算算這些惡魔交易員，其始祖非李森（Nick Leeson）莫屬（**參見表 1.1**）。例如 1995 年，李森在操作日經指數期貨及衍生性金融商品時，大賠了 14 億美元，使得超過二百年歷史的霸菱銀行因此破產。

表 1.1 惡魔交易員

惡魔交易員	操作金融商品	虧空金額	事由與結果
始祖李森	日經指數期貨	14 億美元	致 1762 年成立的英國最古老的銀行之一——霸菱銀行於 1995 年倒閉，而搞垮霸菱銀行的李森，結果僅坐牢三年，出獄後還以稽核安全專家的身分到處演講，出書賺錢。
柯維耶	歐股普通期權	72 億美元	法國的第二大銀行驚爆旗下 31 歲的交易員柯維耶偷天換日，假造交易紀錄，致興業銀行 49 億歐元人間蒸發，董事長布頓事後親自寫了一封向股東及客戶的道歉信，貼在該行的網站，並刊登在全法國的主要報紙。
杭特	天然氣期貨	66 億美元	杭特因押注天然氣漲價，導致阿瑪蘭斯（Amaranth）66 億美元的鉅額虧損，並在 2012 年 10 月宣布破產，當時 8 月的天然氣價格下跌了 26%，9 月再跌 7%。杭特最驚人的記錄是在短短的一週內，虧損掉 46 億美元。而這名不稱職的基金經理人目前正在籌募新的商品基金，尋求東山再起的機會。

惡魔交易員	操作金融商品	虧空金額	事由與結果
濱中泰男	銅期貨	26 億美元	為知名的「住友事件」，住友商社的濱中泰男在 1980 年代末，已是銅品市場名聲響亮的大戶，他有兩個綽號：一是「5% 先生」，原因是他掌控了當時全球 5% 的銅品期貨交易；另一個是「鍾子」，得名於他個性堅毅，出手既快又重。他一向作多銅品期貨，1995 年開始，銅品期貨連連下跌，在嚴重虧損的情況下，他未經住友授權，偽造上司簽名，在市場大力作多，使住友因此蒙受 26 億美元的損失。
阿多博利	開放式指數基金	20 億美元	瑞士聯合銀行（瑞銀）倫敦 ETF（交易型開放式指數基金）業務部門前總監奎庫・阿多博利（Kweku Adoboli）未經授權進行「ETF 交易」，違規金額高達 118.5 億美元，為瑞銀帶來 20 億美元的損失，這名被冠以「惡棍交易員」的阿多博利最後被判處七年監禁。

勒式交易　一堂 6 億元的課

選擇權等衍生性金融商品，理論上因為賣方的虧損可能會無限大，所以要站買方才行。在台灣有個著名的案例，即 2011 年 8 月 5 日及 8 日台股隨著全球股市重挫，爆發台灣期貨史上最大的違約交割案——前統一證券總裁杜總輝因為「勒式交易」慘賠了 6 億元，有人說是這是他花了「6 億元的一堂課」。杜總輝的這次「賣出勒式」交易，台股在 4 天內跌掉了 1,000 點的狀況下，不僅是期貨史上最大的違約案件，也讓期貨公會、期貨商全面檢討現行制度，訂出多項新規定，而被市場上戲稱為「杜總輝條款」。以下談談什麼是**勒式交易**（strangle）：

> 勒式交易是一種選擇權及權證的交易策略，分為買進勒式、賣出勒式。「買進勒式」是預期未來會大漲或大跌，付出的風險較少且可控（只有權利金的損失），但獲利的理論機會卻無限大；「賣出勒式」交易則預期未來會在區間之內盤整，獲利較少且固定（只有權利金的獲利），但風險卻無限大。

連杜總輝這位股市老手都會翻船，我們也不用太過自負地認為會比他強，謙虛一點總不是壞事。當然，買方基本上絕大多數會虧掉時間價值，是而**「何時買」變成非常的重要**，也就是投資人要懂得去掌握所謂的轉折點。不過，個人的看法是，買選擇權只是為了特殊目的做避險（如台灣的總統大選），畢竟操作選擇權看對了可不一定會賺錢，但是看錯了卻一定會賠錢，所以如果是想發財，還是免了吧！

以下再舉一個例子說明。LTCM 長期資本管理公司，1998 年時其股東權益接近 50 億美元，但卻有約 1,250 億美元的融資金額，負債權益比超過了 25：1，並且掌控帳面價值約 1.25 兆美元的衍生性金融商品，姑且不討論其操作策略，然而使用高達 500 倍以上的槓桿，只要市場出現非預期的行情，幾乎註定了要被抬出去的命運。

流動性非常重要　部位過大，進出都是難度

摩根大通在倫敦的衍生性金融商品部位，或許可以在發現錯誤時急踩煞車，認賠停損出場，將虧損鎖在 20 億美元以內。但既然人稱「倫敦鯨」（**參見圖** 1.4），就代表了它的部位非常龐大，進出都容易影響市場的波動，而曝露了自己的部位及動向，反而成為別人獵殺的對象，而且自己的部位過大，不僅不容易，也不大可能反向平倉出場，無法停損的交易是不能做的。

摩根大通銀行（JPMorgan Chase & Co.）存款 1.1 兆美元，遠超過其大約 7,200 億的貸款資產。投資組合總金額約 3,600 億美元，且集中在高評級、低風險的證券，包括 1,750 億美元的 MBS、政府機構債、擔保債券（covered）、證券化產品。當然，持有這麼高部位的有價證券，確實是需要做些避險動作，於是摩根大通銀行位於倫敦的交易室便買進短期 CDS，而為了避險或是想降低避險成本，又賣出遠期 CDS，但因部位太大，買進的 CDS 價格太高，賣出的 CDS 價格太低，再加上市場走勢又不如預期，使得賣出的 CDS 慘賠，而買進的 CDS 又價格太高、獲利太少，且部位太大無法回沖，導致後續虧損不斷擴大。結果就是歐洲版的白鯨記與美國的原著全然相反——捕鯨人獲得了巨大的勝利！

圖 1.4 「倫敦鯨」，待宰的羔羊

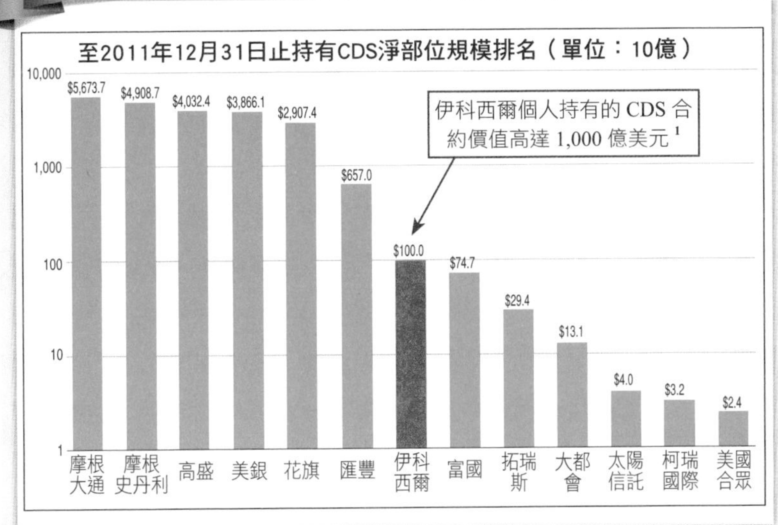

註 1：摩根大通旗下派駐倫敦的交易員——伊科西爾這隻「倫敦鯨」，其擁有的部位遠高於其他銀行，光持有的 CDS 就全球排名第七。

資料來源：The Office of the Comptroller of the Currency, OCC (2011).

1.3 事實居然是，欠錢的人比借錢的人大

歐債燒不盡，關鍵就在政治決心

2008 年美國加州人口 3,831 萬人，占全美國 12% 的人口比例，國民生產總值達 19,423 億美元，占美國的 14%。如果把加州獨立出來計算，其國民生產總值可是全世界排名第八，也就是說，加州本身就是相當大的經濟體，而加州在次貸海嘯之後，由於政府稅收大幅減少，導致了預算赤字的發生。2009 年時，加州因為預算赤字產生政府倒閉的危機，一直到 2011 年，其預算赤字依然高達 157 億美元；2012 年時，更有加州的地方政府倒閉。

在美國的法律規定裡，地方政府是可以破產的，破產後由法官接管地方政府債務的決策、支付順序及金額。2012 年 6 月

表 1.2 全球三大貨幣體的政府財政狀況比較表

	歐元區	美國	日本
人均 GDP（美元）	39,489	47,132	42,983
政府債務／GDP	88%	102.9%	229.8%
財政赤字／GDP	4.1%	9.6%	8.2%
經常帳餘額／GDP	-0.3%	-3.2%	2.0%

資料來源：中央銀行全球資訊網（2012）。

28日，加州地方政府斯托克頓（Stockton）聲請破產，法官的決議是債權人減計本金20%，州政府則不能倒閉，為了平衡預算，加州政府必須大砍預算，包含裁減人員、降低福利以及醫療支出、教育支出、增加稅收等。

讀到這裡讀者有沒有發現，美國加州跟歐債危機似乎有部分的雷同，如果把加州改為義大利，而斯托克頓改為希臘，就可以說是歐債風暴的美國版，但是為何加州可能倒閉的風險並沒有引發美債危機呢？以下節錄一段中央銀行的新聞稿（2012/07/01）為讀者解析原因何在：

> ……很不幸的是，歐元區雖然是貨幣巨人，卻是十足的財政侏儒。歐元區的財政整合，只建立在鬆散的財政紀律化要求，卻沒有財政聯盟（fiscal union）的設計。
>
> 美國是個貨幣與財政完全統合的國家，如果地方州政府發生經濟金融問題，可透過財政移轉機制，將資源移轉到亟需援助的地區。除此之外，美國能夠迅速動員財政資源，以充分避免問題擴散至其他地區。一如2008年，美國引爆了全球金融危機，卻能在情況最為危急的時候，由財政部透過國會立法，動員規模更大的財政資源，在一年之內，迅速穩定局面（中央銀行全球資訊網，2012）。

由新聞稿可知，央行總裁彭淮南點出了其中的決定性差異，那就是：「歐洲若要深度的經濟改革，需走向政治聯盟。」

美國是一個貨幣與財政整合的國家，並有較強的財政紀律要求。2010年年中，加州的財政赤字高達420億美元，在面臨嚴重的財政赤字的問題下，州長阿諾大砍福利支出 150 億美元，並讓公務員放無薪假，形同減薪 10%；2011 年，新州長布朗甫一上任，便大砍預算 125 億美元，其中包含公務人員減薪 8% 至 10%，收回一半公務手機，當時並針對 2012 年的財政補救措施，打算減少 1.5 萬名公務人員與公務人員退休金的改革計畫。希望藉由持續性的金融改革，完成減赤，改善州政府窘困的財政狀況（**參見圖 1.5**）。

圖 1.5 美國州政府及地方政府持續瘦身計劃

資料來源：FRED (2012).

FED——美國的救星，全世界的災難 ?!

金融海嘯時，美國多個州政府以及地方政府皆面臨破產危機，美國地方債問題也曾是市場認為的下一個引爆點，但在聯邦政府及 FED 的支持之下，給予了州政府跟各級地方政府調整的時間，除了刪減福利等支出以外，也一直減少公務人員的數量。從**圖** 1.5 可以發現，州政府以及地方政府的僱員持續減少，這部分也是造成金融海嘯之後美國失業率無法回升的原因之一；當然，金融海嘯之後也出現過地方政府倒閉的事件，但是並未對市場造成太大的衝擊。

美國聯邦政府可以用三種形式對州政府進行補助：(1) 針對特定計畫的補助；(2) 進行一般業務所需可彈性應用的綜合補助；(3) 根據稅收分成補助。如聯邦醫療保險（Medicaid）、加州高鐵的補助方案 32 億美元等，這些正是彭淮南總裁所稱的**財政轉移支付制度**；藉由對福利以及發展上的資助，協助加州渡過難關。在統一的財政權下，除了鞭子也給予蘿蔔，使州政府有進行改革的壓力之外，同時也擁有變革的希望。

FED 面對金融危機時，在貨幣政策上除了迅速把利率直接下調以外，更藉由買進公債與抵押債券的方式讓債券貨幣化，增加市場流通的貨幣去支撐經濟，雖然 FED 的作法導致了兩極評價，但不可否認的是，也同時告知市場 FED 全力支撐經濟的信心。柏南克主導下的聯準會，一直給予市場明確的資訊，尤其提前將低利率維持到 2014 年的作法，表現出聯準會支撐房地產產業，以及支持消費與投資拯救就業市場的決心。

財經小常識

財政轉移支付制度

由於中央與地方財政存在縱向的不平衡，且各地方和區域間也存在橫向的不平衡發展，部分國家為避免各地方之間的不平衡持續擴大，造成地方經濟發展的差異過巨，而由中央政府利用賦稅收入，將中央財政的資金藉由對地方財政上的補貼與社會福利的支出，讓各地方的經濟與社會狀況可以獲得協調發展，以降低橫向的不平衡。

圖 A　藉由財政轉移制度，可以協助有困難的地區發展經濟

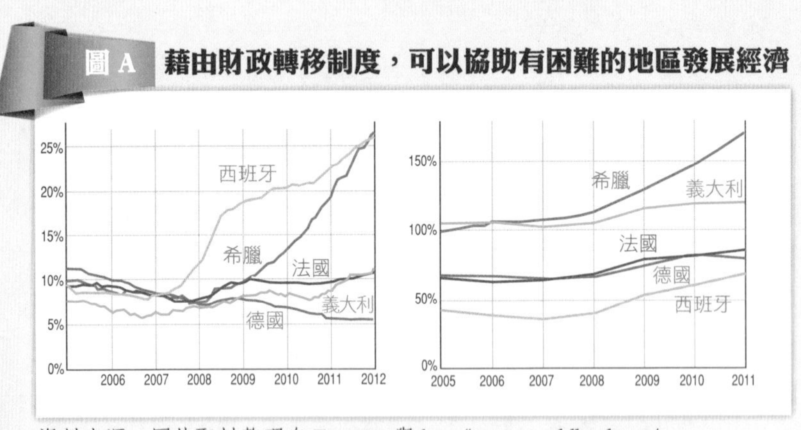

資料來源：圖片取材整理自 Eurostat 與 http://www.worldbank.org/

2008 年，小布希政府在國會兩黨的支持下通過了緊急經濟穩定法案（EESA），授權美國財政部設立不良資產救助計畫（TARP），項目分別有銀行機構資本購買計畫、信用貸款市

場（消費及中小企業貸款）、汽車製造業（通用及克萊斯勒）和美國國際集團（AIG）救助項目，以及降低止贖的住房項目等。2009 年，歐巴馬上任時推出的財政刺激方案共 7,870 億美元，其中三分之一用於減稅，三分之二用於再擴大政府支出。根據這些財政措施可以發現，美國政府在財政上致力於穩定及刺激經濟。

美國一直到 2012 年 8 月時，不良資產救助計畫有了超過 8 成的回收，雖然其中的汽車救助方案粗估很可能虧損 50%，但對於銀行部門整體上則獲利 300 億美元，以及「兩房救助計畫」（即房利美、房地美）獲利 250 億美元，預估後續還可以持續回收；整體的救助計畫所付出的成本比預期的來得低，甚至還有獲利的可能。

次貸風暴導因於房地產，2005 至 2006 年美國房地產泡沫化是許多地方政府出現財政困難的主因，尤其是加州政府的房地產稅收高，故因房地產價格及成交量快速下跌而受害最深。美國財政部為了挽救房地產危機，對具有半官方色彩的兩大房貸業者房地美及房利美進行接管，並藉由購買特別股的方式注資，**買進兩房的 MBS（Mortgage Backed Securities，即不動產抵押貸款證券）**，且在必要時由聯準會提供緊急資金，避免流動性缺乏的問題。雖然美國財政部此舉並非是針對特定的州或地方政府，但卻是藉由實際行動去穩定房地產貸款業務的作法，房地產價格自 2006 年高峰平均下跌 30%，部分地區甚至高達 55%，到 2012 年 2 月 FHFA（即美國聯邦住房金融局）購買者房價指數年增率轉正，在歷經相當長的谷底時間後，已經大幅減輕往下拖累美國經濟的壓力，對於聯準會而言，穩定經濟以及失業率的工作比起關注政府財政，遠遠重要的多了。

歐元區雖是貨幣巨人，卻是財政侏儒

歐元區由於沒有統一的財政權，故無法直接強力要求歐豬國家進行減赤計畫，造成歐豬國家的財政亂序；當然，歐元區也沒有財政轉移的機制可以從旁協助幫助。德國在歐債問題上堅持強硬的態度，就是希望歐豬國家可以如同加州一般，嚴格執行財政改革；另外，受到德國強烈影響的歐洲央行關注的是通膨是否失控。

歐洲目前的財政計畫只有拿出鞭子，卻沒有胡蘿蔔的獎勵。2012 年 6 月 22 日，德國、法國、義大利及西班牙四國領袖，在羅馬舉行會議，同意使用總金額達 1,300 億歐元的經濟刺激計畫，不過誰出錢？資金如何分配？用在哪一國？用在哪一個產業？皆無定論，完全是一個口水救經濟。

就貨幣政策來看，面對歐豬國家公債殖利率的上升，短期的折衷辦法是藉由 EFSF（European Financial Stability Facility，即歐洲金融穩定基金）及 ESM（European Stability Mechanism，即歐洲穩定機制），去認購歐豬國家所發行的國債。由於根據「里斯本條約」的規定，歐洲央行沒有權利從初級市場買進國家公債，目前是採用規避該條約的作法，在二級市場買進國債，壓低歐豬國家的公債殖利率，不過也因為德國央行的反對，歐洲央行並不敢公開且大量的買進，同時歐盟區也因為沒有歐洲央行全力的支撐，市場普遍缺乏信心，使得歐豬國家的公債殖利率一直無法有效的降低。

談到貨幣政策就不能不談談歐元區的貨幣聯盟這檔事。2002 年 1 月 1 日，「歐洲聯盟經濟暨貨幣聯盟」（Economic and Monetary Union of the European Union）組織成立，為歐盟中同意使用歐元作為其國內唯一之法定貨幣的成員國所共同組成的貨幣聯盟（最初由 12 個國家組成）。經濟暨貨幣聯盟（EMU）是希望植基於單一市場，達成經濟政策協同、實現經濟趨同，以及最終使用歐元為法定貨幣。然而經過時間的演變，事實證明了唯有經過深度政治與財政整合之後，才能成就真正的貨幣聯盟。

問題在於歐盟各國除了經濟上的財政政策與金融政策以外，還有就業政策、工資政策、貿易與產業政策等，以及非經濟層面的外交與安全政策等領域都不相同；此外，更有歷史與文化的背景摻雜其中。例如後文談到的西班牙，便在 2012 年 9 月爆發了加泰隆尼亞（Catalonia）再度爭取獨立的運動，加泰隆尼亞對西班牙的經濟有其極大貢獻，在這裡或可解讀為經濟富裕區不想負擔貧弱區的政治出走，然而加泰隆尼亞在文化發展上所具有的自主性及獨立性，可不是一句位於西班牙境內可以一語帶過。換而言之，歐元區若不透過深度的政治整合，以政治聯盟（political union）的方式促使各個政策領域皆能協調一致，進而成立統一而有實權的金融監理制度，真正的貨幣聯盟將難以成真。

財政上以及貨幣政策上的重大差別，正是美國跟歐元區國家，目前在經濟上表現兩極的重要原因。就像為了不讓自己失去財政與貨幣的獨立性，一直不願意整合進入歐元區的英國，雖然英國財政以及經濟狀況未必優於歐元區部分國家，然而正是因為擁有自主的財政跟貨幣權，反而擁有較高的信評；筆者以為，長期來看，歐債問題真正想要解決是需要財政權上的統一，或至少要有部分政治上的統一才有可能達成，這也就是為什麼咱們的「10A 彭總裁」會指出：「歐元區應該要走上政治聯盟，才是解決歐元區問題最根本的辦法，也是唯一的解藥。」不過，在實務上任何把國家財政以及政治權力，即使是部分交出，應該都會被各國人民視為是賣國行為，說法雖非常合理，執行上卻是困難重重，也使得歐元區始終呈現財政以及貨幣政策皆跛腳的現象，無法在緊縮財政支出的同時刺激經濟的增長，這也就是說，歐債問題仍是一個長期困擾全球的危機，而這個危機可說是野火燒不盡，又恐春風吹又生。

面臨困境的西班牙鬥牛士

從次貸風暴接連到金融海嘯，美國聯邦政府以及聯準會為了拯救其殘破的經濟，快速以及積極的去採取行動穩定整個金融體系，整個計畫之所以有效，是因為有財政政策以及貨幣政策全力配合來做支持，我們當然沒有要為美國的政策歌功頌德意思，畢竟美國財政為了解決次貸風暴可是付出了不少代價，未來如何回收資金與減輕財政負擔，壓力看來也不輕；**更重要的是，這隻大老鷹玩起了金融槓桿，買單的可是全世界。**不過從現狀來看，美國在次貸海嘯之後的應對，至少讓美國經濟獲得一定的支持，當然美國因面臨辜朝明（台裔美國籍經濟學家，為辜寬敏之子）所說的「資產負債表的衰退」，在面對去槓桿化的過程中，房地產價格以及民間消費復甦力道不強，也造成失業率下降的速度緩慢，但整體經濟表現還是優於全球其他已開發國家。

反觀面臨跟美國類似問題的西班牙卻沒有這麼幸運。如果西班牙是個財政跟貨幣完全獨立的國家，就可以採取類似美國或英國的財政政策跟貨幣政策，當然西班牙的貨幣會出現大跌，也很難止住房地產的價格與需求下滑，但卻有機會在製造業出口跟觀光上，有幫助經濟增長的機會，以讓失業率能有效的止穩。

在談到西班牙嚴重的地方債務之前，我們先觀察歐元區的貨幣政策。歐洲央行主要的任務在於對抗通膨而非幫助經濟的增長，因此在次貸海嘯之後，歐洲央行利率下降相較於美國不夠低，2011 年 4 月又領先美國升息，歐元兌美元從 2010 年 1 月一度跌破 1.2 美元，一路還上升至 2011 年 4 月的 1.48 美元，這段期間德國強勁的表現掩蓋了歐豬國家的問題，整個歐元區的 GDP 表現看似穩定增長，但雙率雙升對於失業率持續在高檔，而房地產價格持續下跌的西班牙，卻是一大打擊，歐洲央行從德拉吉（Mario Draghi）上任之後，採取了較為寬鬆的貨幣政策，藉由連續性的降息，把利息降到創下歷史低點的 0.75%，並且採用 LTRO（即長期再融資操作），以貸款的形式為銀行注入資金，解決流動性的風險，當然歐洲央行仍無法像美聯準會般，將維護經濟增長作為其央行的主要任務之一。

圖 1.6 西班牙地方政府財政問題重重

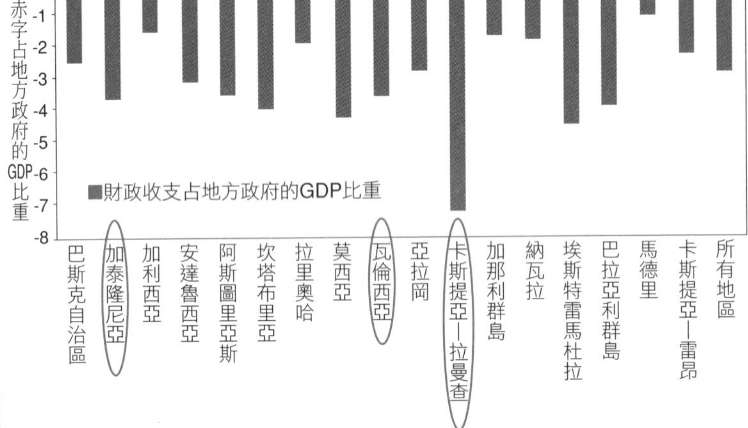

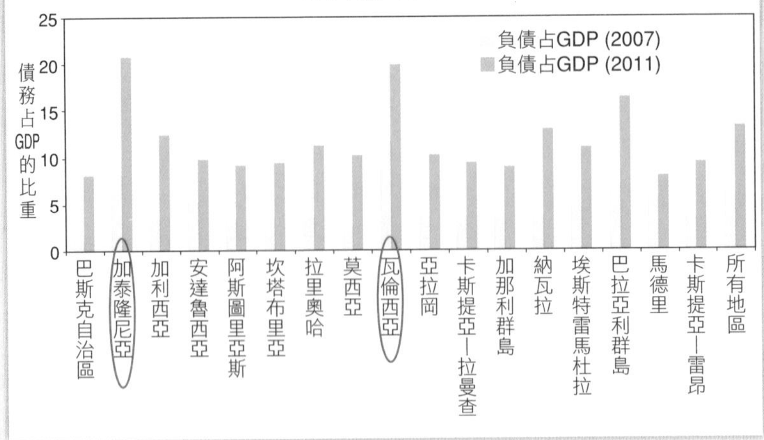

資料來源：Bank of Spain and Finance Ministry (2012).

財政問題是西班牙的致命傷，根據歐盟條約規定，政府財政赤字不能占 GDP 的比重超過 3%，政府負債不能超過 GDP 的 60%，這樣的規定成了西班牙財政政策的緊箍咒。西班牙政府鎖定在削減福利等支出，然而在減輕財政負擔的同時，卻無法端出財政刺激政策以支持經濟。

西班牙因無法藉由貨幣貶值以及財政刺激去增長經濟，只能採用對內貶值，也就是資產價格及薪資水準下降的方式，此舉造成內部需求下降、消費緊縮，企業無法投資，銀行無法或者不願意進行借貸，當然地方政府的稅收自然也會下降，使得地方政府的債務問題變得更加嚴重，讓西班牙的重整期間比美國長又痛苦。

美國是「打虎還要親兄弟」，歐洲卻是「兄弟爬山，請各自努力」；當然，假使歐洲央行採用聯準會相似的政策，西班牙還是必須面臨痛苦的緊縮及去槓桿化，但或許失業率的狀況可以有所改善；因為高失業率不但是社會問題，長期脫離職場還會造成人力的浪費，也會使勞工喪失技能，轉而成為社會長期的負擔，所以改善失業率應列為財政上的重點課題，筆者只能說歐豬國家的苦難日子暫且還看不到盡頭。

135
130
125
120
115
110
105
100
95
90
2006
2007
2008
2009
2010
2011
2012
2013

CHAPTER 2

美國的初老症狀

本章為讀者談談美國社會民生現況，對於大鯨魚旁邊的我們這些小帆船來說，美國的任一個擺動，都影響我們甚鉅。筆者不提美股或基金的好與不好，也不教讀者如何前進美國券商進行量化的投資，而是簡單的為讀者介紹美國的現況，讓讀者瞭解美國受惠於量化寬鬆，與在全球市值、獲利、創新最強的企業依然坐落於其境內的後盾下，如何扮演其引導國際資金流動的重要關鍵，以及一旦量化寬鬆結束轉為收縮資金時，對於如台灣等小型的經濟體影響層面又會如何……相信這些對讀者來說是重要的，在此期許讀者懂得觀察美國經濟的變化與榮枯，因為那對於投資人的投資策略布局會有助益。

2.1 退而不休，還是退不能休！美國是，而我們呢？

日本有一部著名的小說《楢山節考》，內容描述日本古代信州寒村內流傳的棄老傳說，由於那時災難頻傳使得鄉下村民非常貧苦，而且非常缺乏糧食，為了節省糧食的消耗，在鄉下有一個不成文的規定，老人家因為已經缺乏生產力只會消耗糧食，為了讓下一代年輕人口有多口飯吃，當老人家年齡超過 70 歲時，就會將老人帶到山區，讓老人家活活餓死！

工作一輩子，何時可以退休是大家最關心的事情；然而，延後退休的時間似乎成為全球皆然的事情，而這部分或許也跟人口平均壽命的增加有關，因為餘命增加，相關的生存、娛樂、醫療等費用也會跟著增加；當然，由於醫療的進步使得能夠工作的狀況也有所延長，而國家退休人口的占比增加也使得工作年齡人口的比例下降，嚴重影響到政府財政與福利，這部分便牽扯到人口紅利及扶養比的精算。

美國過去是全球經濟的重要火車頭，雖然曾歷經歐元區的挑戰以及新興市場如金磚四國，乃至五國七國等崛起，再加上網路泡沫與次貸風暴影響了美國國力；當然，未來美國所面臨的挑戰也不少，包含人口老化退休潮與政府的財政危機，不過即使面臨這些初老症狀，美國還是能夠持續占有其影響甚至領導世界的霸權，因為其他如歐元區、中國、日本所面臨的問題與挑戰是遠大於美國的。

在面臨全球老化與國內少子化的趨勢下，我們先看看美國的退休概況，到底樂活老年的可能性讀者認為有多少？筆者要說的是，理財沒有時空或對象的區隔，而是愈早愈好，為自己存好退休預備金更是愈早做愈好。以下讓我們觀察**圖** 2.1 的美國就業結構年齡變化，會發現高於 45 歲以上的就業人口持續增加，而屬於中壯年的 25 至 44 歲卻已經過了高峰期反向往下，且高於 45 歲以上的就業人口數也多於 25 至 44 歲，因此在美國的就業人口年齡中，高齡的占比已高於青壯年，而這在國內相信讀者也可自某些數據中發現。

如果再細看**圖** 2.2a 美國 65 至 69 歲應該已退休或者即將退休的人口變化時，可以發現，2000 年後在此區間的工作人口開始快速增加，但 2011 年之後這現象將只會增加而不會減少或趨緩，因二戰之後的 1946 年是美國第一個嬰兒潮的世代，而這群

圖 2.1　美國 25-44 歲與 45 歲以上就業人口結構比

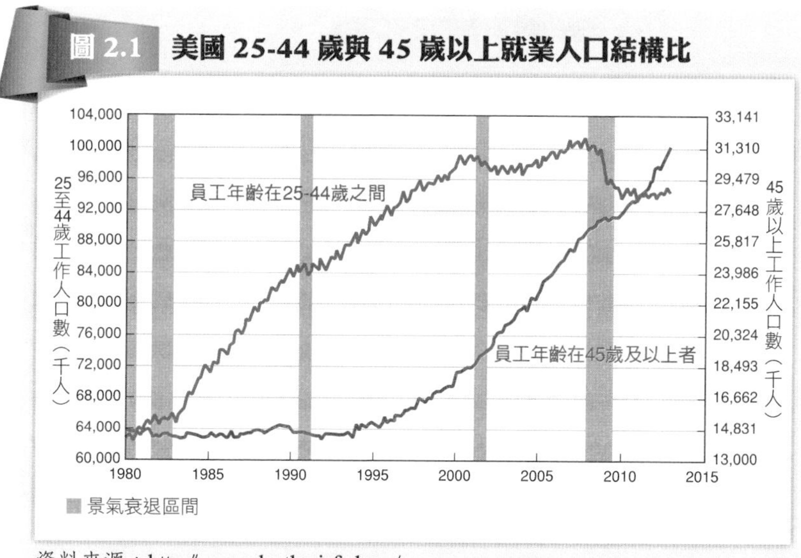

資料來源：http://research.stlouisfed.org/

圖 2.2 退而不能休的人口群是愈來愈多了

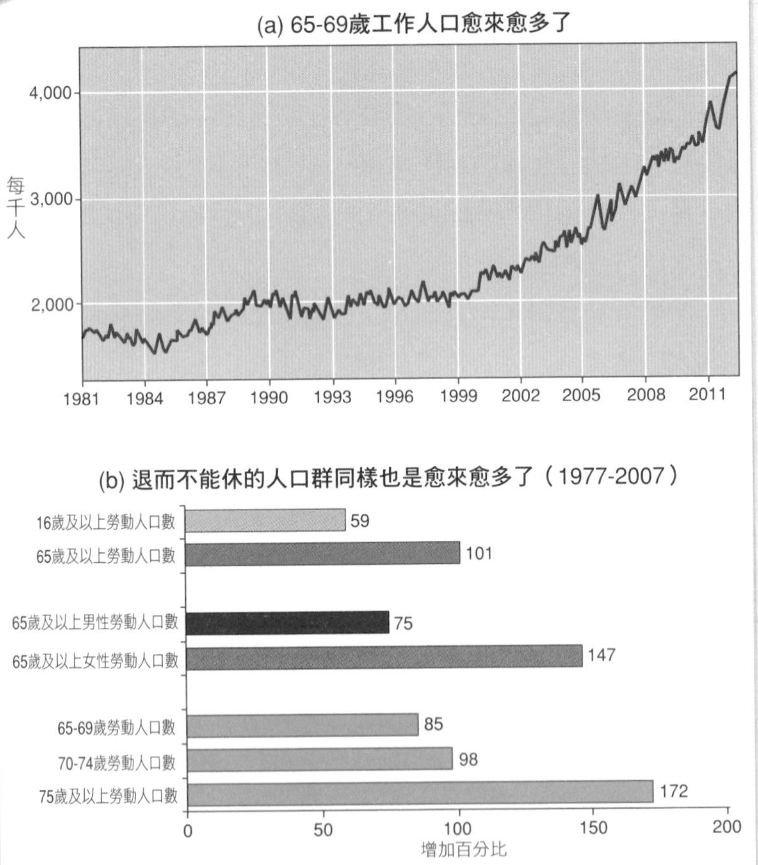

(a) 65-69歲工作人口愈來愈多了

每千人

4,000
3,000
2,000

1981 1984 1987 1990 1993 1996 1999 2002 2005 2008 2011

(b) 退而不能休的人口群同樣也是愈來愈多了（1977-2007）

16歲及以上勞動人口數 59
65歲及以上勞動人口數 101
65歲及以上男性勞動人口數 75
65歲及以上女性勞動人口數 147
65-69歲勞動人口數 85
70-74歲勞動人口數 98
75歲及以上勞動人口數 172

0 50 100 150 200
增加百分比

註：代表各年齡層從 1977 到 2007 年這三十年間，人口增加的比例，圖中可以看到低於 16 歲的青少年增加比例較少，而 65 歲以上退休人口增加的比例明顯較高。

資料來源：U.S. Bureau of Labor Statistics (2012). http://www.bls.gov

戰後的嬰兒潮在 2011 年便達到了 65 歲的法定退休年齡。

從美國的勞工部統計局的統計資料中可以發現（**參見圖 2.2b**），在 1977 至 2007 年的 30 年之間，16 歲以上就業勞工人口增加的比例遠低於 65 歲以上應退休的人口所增加的比例，這些應退未退的老年人口依然在勞動市場上工作著。這顯示了原本應該退休的勞工，反而繼續投入勞工市場，而為了支應老年時的支出，女性以及 75 歲以上的長者投入勞動市場比例也大幅增加，這代表著：已達退休年齡人口占比增加幅度高於青壯年的工作年齡人口。

由圖 2.3 的估計可以看出，美國在 1950 年時的 65 歲以上人口占總人口約 8.3%、2000 年時約 12.3%、2020 年時約 15.8%，2035 年時正式突破 20%，達 20.2%。由於 65 歲以上的年齡人

圖 2.3 美國過去與未來的人口結構變化

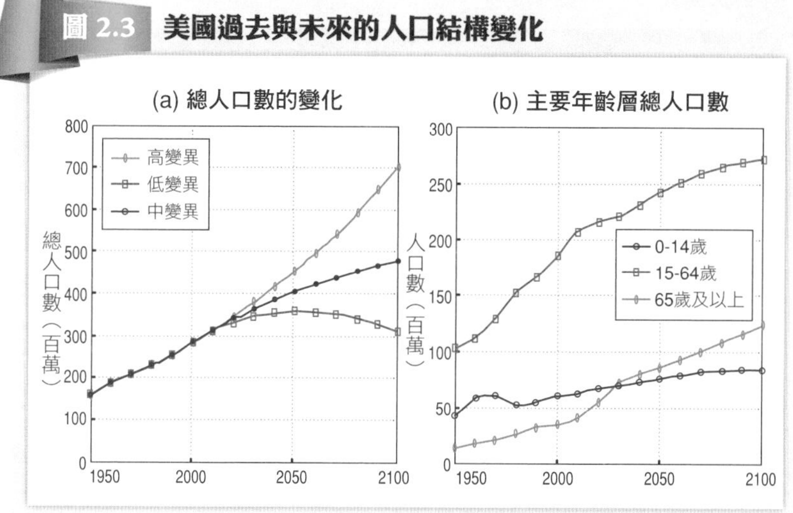

資料來源：聯合國（2012）。

口占比持續增加，使得美國政府稅收減少，支出反向增加；當然，這也是各國共同面臨的問題——因未能減少財政上的困難，逐漸提高可退休年齡將是全球一致性的政策。以美國為例，戰後嬰兒潮的可退休年齡其實已經由 65 歲提高至 66 歲，且隨著出生年的增加，退休年齡正逐漸提高中。如 1955 年出生的可退休年齡將是在 2021 年（**參見表 2.1**），而在這將近 10 年的時間內，美國在政策上出現再次調高退休年齡的機率是很高的。

美國政府並未在實質政策上延長退休年齡，但勞工是否可以因為自我準備充足而決定退休則值得探討。由圖 2.4 的收入分類中可以發現，66 歲原本是可以退休的年齡，由於中低收入戶的人口占比較多，發現美國國民即使已到了 66 歲，仍至少有將

表 2.1　高齡化的效應——美國不斷提高的退休門檻

出生時間	退休年齡	出生時間	退休年齡
1937 年	65 歲	1955 年	66 歲 2 個月
1938 年	65 歲 2 個月	1956 年	66 歲 4 個月
1939 年	65 歲 4 個月	1957 年	65 歲 6 個月
1940 年	65 歲 6 個月	1958 年	66 歲 8 個月
1941 年	65 歲 8 個月	1959 年	66 歲 10 個月
1942 年	65 歲 10 個月	1960 年以後	67 歲
1943-1954 年	66 歲（2009-2020 年）	目前政策性鼓勵 70 歲退休	

註：美國可退休年齡不斷提高，目前已增加至 67 歲。

圖 2.4 政府未延長退休年齡，但退休年齡卻拉長了

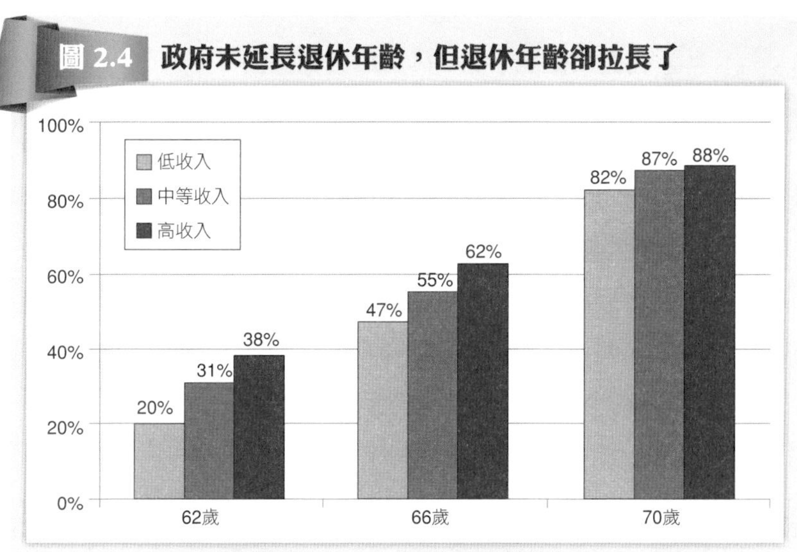

註：美國國民即使到達退休年齡，多數人依然未準備好。
資料來源：Authors' calculations (2012). http://www.wordreference.com/

近一半的人口尚未做好退休的準備，70 歲時則有超過 1 成的人口無法退休。由此可知，人們面對著生活壓力，即使想要退休也沒辦法退休，而不得不繼續工作。

退休基金怎麼啃得下去呀？！

美國社會安全信託基金（Social Security Trust Fund, SSTF）是自勞工與雇主收取工資稅用，以保障退休及殘障上的支出，交由聯邦社會安全局（SSA）負責管理。根據法規，社會安全信託基金只能投資政府擔保的美國國債和定期存款，而過去的平均年收益率還有 4.2% 左右，但是從表 2.2 可以發現，信託基

表 2.2 在低利環境下逐年降低的退休基金

年度	平均利率	年度	平均利率
2000	6.240%	2007	4.656%
2001	5.229%	2008	3.635%
2002	4.865%	2009	2.917%
2003	4.073%	2010	2.760%
2004	4.271%	2011	2.417%
2005	4.313%	2012	1.458%
2006	4.82%		

逐年降低

資料來源：美國「社會安全信託基金」公布（2013）。http://www.ssa.gov/OACT/ProgData/newIssueRates.html

金可買進的債券平均收益率卻在逐年降低。

由於信託基金買進的是 15 年內到期的債券，近期逐漸到期的債券將被迫只能買進低利率的美國國債，而美國低利的期間愈長對退休基金的傷害將愈大，這相較於我們的勞退基金，看來也好不到哪裡去。

美國目前的基金資產總額已高達 26,000 億美元以上，為了讓社會安全信託基金可以持續，美國政府多次調整支付的方式，一個是提高法定可以退休年齡，另外一個是根據不同的年齡，給予不同的退休金支付金額。目前美國社會採行的方案約下列三種：

第一方案　提前退休

62 歲時提前申請退休，可獲得的退休金約正常退休金額的7 成。

第二方案　正常退休

正常退休年齡（**參見表** 2.1）是以出生年份來看。1954 年出生，66 歲為可退休年齡；1960 年出生，可退休年齡為 67 歲。原則上來說，依正常年齡退休可以獲得 100% 的退休金。

第三方案　延後退休

如果你工作到 70 歲才申請退休，則可以較正常退休金多領取到三分之一的退休金。

事實是，美國退休基金所面臨的問題不只是領取人數增加，另一個大問題是：**退休基金年收益率減少**。美國在金融海嘯之後，聯準會快速的降低利率，除了三次的量化寬鬆（QE）政策以外，尚利用扭轉操作（OT）的操作策略去壓低長債利率，使得 2012 年的社會安全信託基金（SSTF）持有的長債，面臨了到期之後收益率減少的情形，如**表** 2.2 所示。

2000 年買進的債券平均收益率有 6.24%，而在 2012 年買進的債券平均收益率卻只有 1.458%，明顯的收益率大幅度降低；此外，SSTF 的資產增長來自於勞工的工資稅，而工資稅的增長則建基在未來十年 GDP 平均增長率與失業率的穩步下調。而起自 2000 年的十年 GDP 平均增長率粗估為 4%，期間政府將失業率下修降至 5.5%，問題是這個模式過於高估美國經濟的發展。

美國財政部預期 SSTF 的退休信託基金可能將在 2033 年用罄，而依現行的法規規定，一旦退休基金資產歸零時，退休人口的福利給付將自動刪減 25%；因此，反推回目前 55 歲以下的工作人口，未來的退休金收入恐將低於預期。這也是為什麼 2012 年底發生了國內勞工群眾強烈質疑政府的退休金制度的事件，而年輕一代的早覺學子們也開始覺得與其將錢給政府，不如自己學會理財，及早開始為退休做準備的原因了。

根據統計，2011 年美國的州、地方聯邦退休基金持有國債 3,209 億美元，約占美國國債 2.2%；私人持有養老金約有 5,047 億美元，約占美國國債 3.5%；社會安全信託基金則持有最大量，達 26,700 億美元，約占美國國債 19%，雖然少部分可能是私人或者利用債券基金持有，但占比相對少數；總和起來，退休相關基金持有美國國債約達 35,000 億美元，約當美國國債發行的 25%。因此，美國國債的殖利率長期走低的趨勢，會使退休基金的收益率大幅下滑，造成美國退休基金的不可持續性，除非未來量化寬鬆退場之後，退休基金買入國債平均收益率回到 4% 至 5% 水準，否則筆者預料美政府未來會持續調整退休金的支付方式。

人口老化的時代，你準備好了嗎！

人口年齡的老化以及退休基金收益率的降低，在未來不會是美國的專利，尤其是台灣的勞退基金，似乎並不是以獲利為目的，反而成為政治護盤的工具。金融市場上的獲利本已不

易，如果操作決策還牽扯到非理性的行為時，對於投資收益將會有很大的影響，因此建議讀者在做退休規劃時，除非目前屬於屆退年齡，否則應以自己能順利退休的所需資產作為規劃目標，是較為保險也正確的行為，尤其是台灣人口老化較美國來得嚴重，若再加上退休基金的收益性不佳，未來台灣對於退休的支付出現調整，幾乎可以說是必然的，對於這項趨勢讀者務必留心。以下為讀者談談與我們關係最為密切的中國與日本年齡老化的社會趨勢。

別以為中國不會老

2011 年全球 GDP 排名前三名分別為：美國、中國、日本。美國雖然面臨退休的社會問題，但如果以人口變化來看，實際上的問題反較中國及日本要來得小；主要是因為美國至少還能維持人口與工作人口的增長，而中、日兩國卻是面臨雙雙衰退的命運，且退休人口的占比尚逐年增加中。

根據聯合國的估計，中國的工作年齡人口將在 2015 年達到高峰，之後將快速下降至 23%（**參見圖 2.5**）。2010 年，中國 65 歲以上人口占比約 8.2%，由於中國的一胎化政策再加上缺乏移民人口，到了 2050 年，中國 65 歲以上的年齡人口占比將高達 26%，並且超越美國。**換句話說，中國非常可能會發生未富先老的窘境**。根據中國政府官員預測，到 2030 年，中國老年人口將增加到 3 億人，屆時照顧老年人口的費用支出將會占整個中國國民收入的 10%，這也是為什麼在 2012 年時，中國已經開始在討論「延長退休年齡」的計畫，雖然中國為了避免民怨而暫

圖 2.5 中國人口結構較美國更差

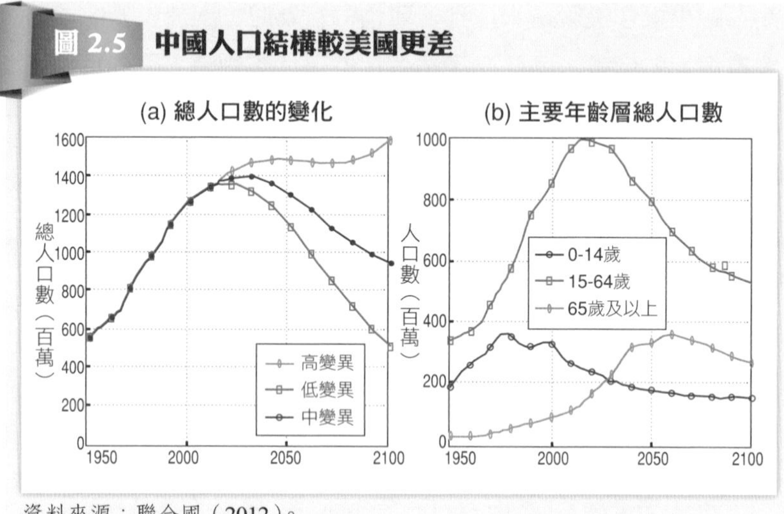

資料來源：聯合國（2012）。

時壓住討論計畫，但實際上延長退休的計畫是不得不然的結果。

中國面臨的考驗相較於美、日兩國卻更為嚴重，這些問題包含貧富不均、城鄉差距、企業及產業轉型等，皆是中國正在面臨的考驗，而更為嚴重的是政府債務，中國的地方政府主要是依靠大量舉債來投資，以維持其 GDP 的增長，雖然關於中國地方政府負債的金額多寡，並沒有正確的統計數字，不過中國地方政府的投資恐怕很難有實質的回收，再加上財政的惡化，未來中國政府對於人民的福利支出恐怕會力有未逮，但過去有「中國式的資本主義」，未來或許會出現「中國式的養老政策」吧！

由於中國地方政府的債務過於龐大，從貨幣的角度來看，中國有可能會進行人民幣匯率的貶值，以維持一定通貨膨脹，

人力來源與成長動能的提供者——新興市場國家

新興市場的人口結構較佳，因此有較佳的人口紅利可以提供經濟的成長。

每年基金公司都會發展出新的口號，如金磚四國、N11、靈貓六國等，主要原因在於新興國家有較佳的經濟成長率及前景，有接鄰美國的墨西哥、連接歐亞的土耳其（**參見圖 A**），以及近來經濟表現不錯的東南亞國家菲律賓及馬來西亞（**參見圖 B**）。當然，人口成長未必代表經濟就一定會好，還需要政治穩定及經濟開放，菲律賓就是最好的一個例子，政治逐漸穩定之後，經濟才會進入高速成長。

圖 A 土耳其與墨西哥的人口變化與結構

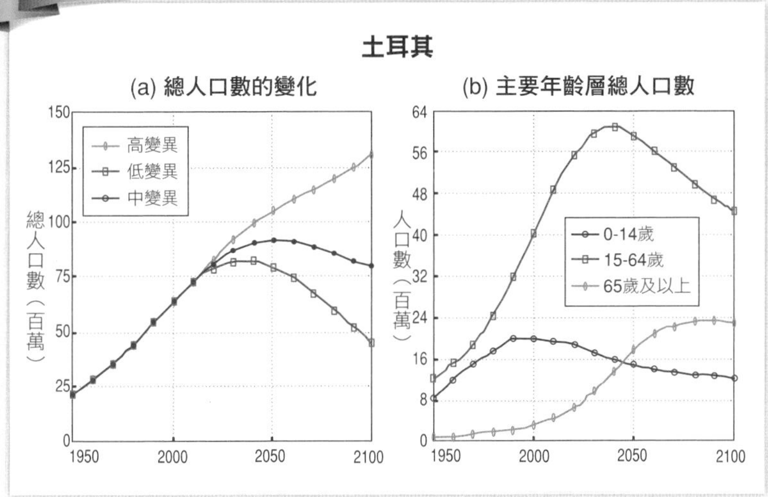

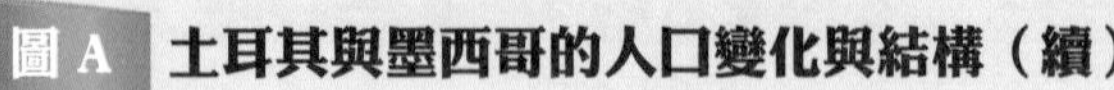

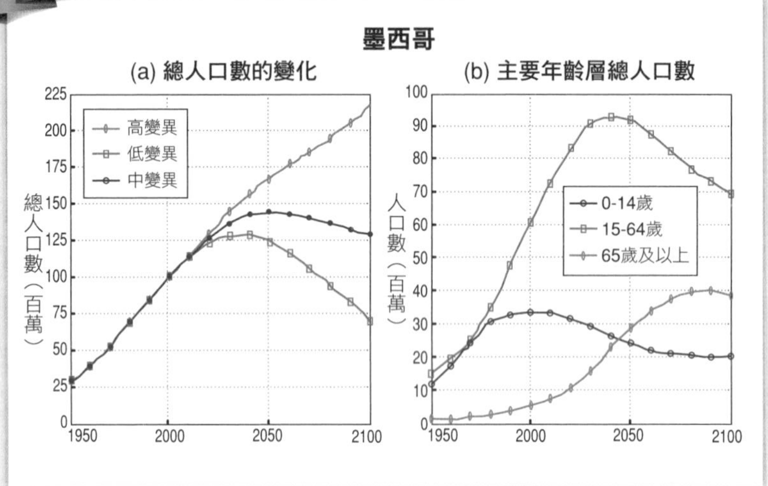

圖 B 菲律賓與馬來西亞的人口變化與結構

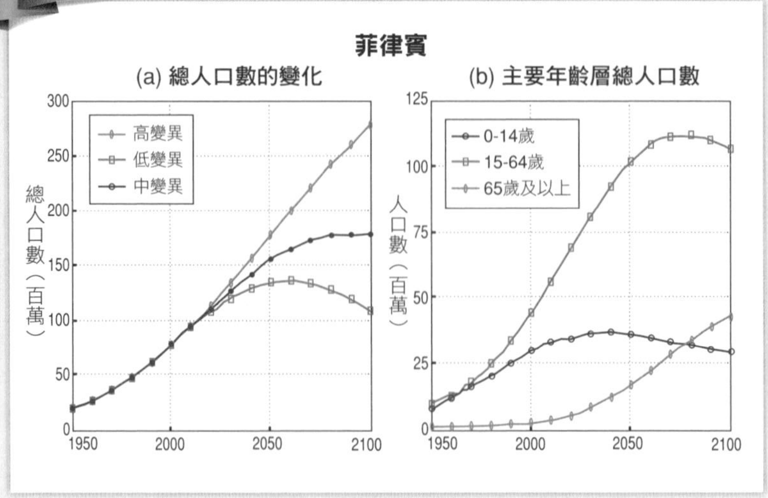

圖 B 菲律賓與馬來西亞的人口變化與結構（續）

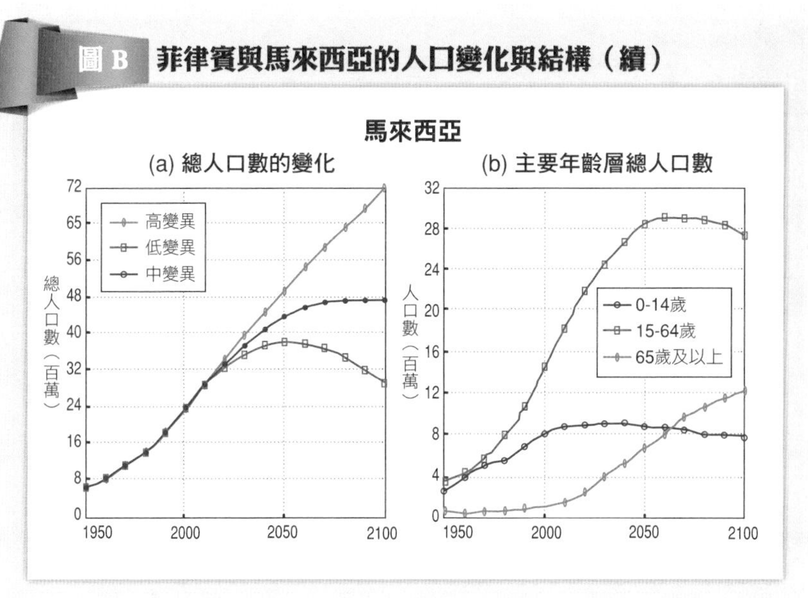

降低人民幣的購買力，以有利於中國政府償還債務，這點對於想要進行人民幣投資的投資人是需要留意的一點。

 日本將再老下去

根據聯合國的預估，到 2050 年時，日本人口將降至 1.08 億人，至 2070 年時，人口將低於 1 億人；也就是說，日本人口一旦逐漸減少，可工作人口占比也會逐漸降低，而領取退休金的老年人口占比自然地也就逐漸增加，結果就是，**年輕人必須增加退休金支出的負擔、老年人口領的退休金必須減少，否則日本的退休金只有破產一途**（**參見圖 2.6**）。

除了退休金減少的隱憂之外，日本目前的國債占 GDP 的比

圖 2.6 日本面臨人口縮減及老化的雙重問題

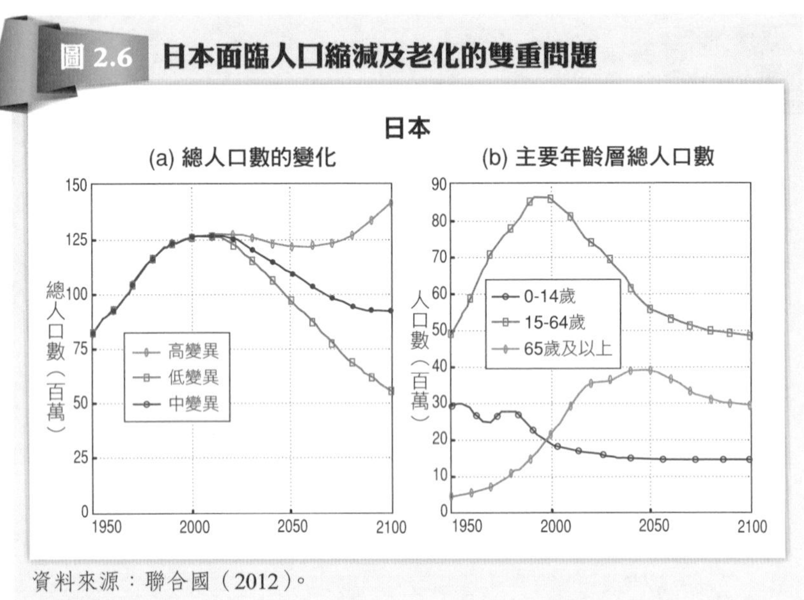

資料來源：聯合國（2012）。

重已達 2 倍，而 2009 年開始，日本人口已逐漸減少，未來 GDP 的增長將更為不易，即使日本國債不再增加，國債占 GDP 的比重還是會持續擴張。日本財政問題面臨的大麻煩是，一旦縮減政府支出將打擊日本疲弱的經濟，這對日本經濟可說是雪上加霜；然而，如不刪減國債，日本未來每個工作人口負擔的國債將會持續增加，因此日本在經濟上的相關政策與社會福利措施勢必會產生改變，這或許能作為台灣政府與人民的參考。

進入 21 世紀的日本，發生了現代的「楢山節考」事件，由於現在日本年齡老化嚴重，許多家庭不堪負荷，便將老人丟在醫院住院，之後就不管，上演著一齣齣人倫悲劇。發生這個社會現象的主要原因是日本對老人有免費的醫療照顧，為了節省人力及財力的支出，多數家庭寧可選擇讓醫院的護士去照顧。我們或許不能苛責下一代，但也不應該合理化其行為。

2025 年，台灣人口老化程度將追上現在的日本，政府應針對老年人口的安養照護進行規劃，不過最重要的是「應該藏富於民」，讓人民有能力幫助家中老人，而不是上演一波波與民爭小利的財政措施，否則長此以往，將會是政府財政上很大的負擔。當然，現在有許多家庭把老人家放置在長期護理之家做照顧，但身為子女者實不應該把長輩完全丟給護士、外籍勞工去照顧，應安排時間多多陪伴長輩，衷心祈禱諸如日本「楢山節考」的事件不會在台灣上演。

日本政府財政上面臨很大的困境，而未來恐將成為日本債務引爆點的還有：GDP 下滑、持續通縮、國債收益率上升，看來日本國債就彷彿陷入「龐式騙局」❶一般。筆者認為，雖然無法確定引爆的時機點，但即使已經歷經失落的 20 年，**日本依然不是一個適合投資的標的。**

❶ 龐式騙局（Ponzi Scheme）是一種以無限接近極限、不斷調整騙局標的物、拆東牆補西牆的投資騙局。

2.2 美國經濟溫度計——10 年期公債殖利率

美國債券依照天期的長短分為三大類：

短期（T-Bill） 3 個月美國國庫券

中期（T-Note） 10 年期以內到期的美國政府債券：3 年期、5 年期、10 年期

長期（T-Bond） 10 年期以上到期的美國政府債券：20 年期、30 年期

由於較短天期（5 年期以內）的債券較易受到利率變調的影響，市場上一般會以 10 年期公債作為觀察景氣的指標，因 10 年期公債為大型法人資產配置的標的，因此其價格變動是由市場來決定；也就是說，觀察 10 年期公債就等於是觀察市場目前對景氣的態度。

美國 10 年期公債殖利率是檢視美國經濟的重要指標（**參見圖** 2.7）。1982 年之後，美國經濟成長速度逐步趨緩，使得美國 10 年期公債殖利率也同步往下，當經濟體發展得愈成熟，經濟成長的速度將會變得緩慢，通膨的壓力也因此趨緩，而公債殖利率的價格也會走低。影響公債殖利率變動的主要因素包含：貨幣政策、消費者物價指數、債券供給與需求、經濟景氣走向預期。故 10 年期公債殖利率因此被視為是美國經濟的溫度計。

由於聯準會不只降低短天期利率，還會刻意壓低中長天期的利率，以目前 10 年期公債殖利率來看，美國經濟尚未回溫；

再觀察 2012 年，美國 10 年期公債實質利率為負（**參見圖** 2.7）。當實質利率低代表資金成本低，更何況是實質利率為負時，顯見聯準會極希望利用市場較低的資金成本，進行借貸的信用擴張。

實質利率——通膨風向球

1960 年代前期，以美國為首的民主國家正經歷欣欣向榮的時期，而在 1968 至 1982 年的 15 年間，歷經四次衰退，期間還有兩次石油危機，美國經濟陷入停滯性通膨之中。為了對抗通膨這巨大的怪獸，1979 年始任聯準會主席的保羅・伏爾克（Paul Volcker）進行連續升息，硬是將通膨壓制下來；1980 年

圖 2.7　美國 10 年期公債殖利率與 GDP 成長率的變化

資料來源：FRED (2012). http://research.stlouisfed.org/fred2/

代，較高的實質利率讓科技類股獲得高速成長，加州矽谷自 80 年帶開始崛起，個人電腦的擴張也讓 IBM、英特爾、微軟、蘋果開始崛起，科技創投以及高本夢比（即做夢的意思）的網路股，於 2000 年時在納斯達克市場創造了史無前例的科技大泡沫，來到 5,132 點。為了挽救美國的經濟，葛林斯潘開始進行連續性降息，2003 年時將聯邦基金利率降至 1%，創下 1958 年以來的新低紀錄，進而創造了金融及房地產的泡沫，種下次貸風暴以及雷曼兄弟倒閉的因子。

為了度過 2008 年大蕭條（the Great Depression）以來最惡劣的經濟危機，當時的聯準會主席柏南克（於 2005 年 10 月接替了葛林斯潘迄今）又史無前例的將聯邦基金利率目標範圍定於 0 至 0.25%，使得美國實質利率變為負，除了美國聯準會以外，包含歐元區、英國、日本、中國等，全球央行幾乎一致行動。在這不斷飲用貨幣寬鬆烈酒的全球經濟巨人們的背後，隱身在暗處的通膨巨獸正在蠢蠢欲動。每當利率決策會議召開時，市場甚至會變相的不斷期待新的貨幣寬鬆政策出現，或許哪一天我們將會聽到經濟巨人痛苦的大喊「沒有人製造了通膨！」（如柏南克便是在聽證會上否認聯準會的行為會堆高通膨的預期，並說聯準會將會嚴密監控通膨）。但是，脆弱的經濟恐經不起貨幣政策轉向升息，因為屆時將再也沒有任何的貨幣政策可以拯救這群經濟巨人了！

網路泡沫（2000 年）之後，為了拯救美國經濟，時任聯準會主席的葛林斯潘（Alan Greenspan，美國第十三任聯邦儲備局主席）將聯邦準備利率下調至 1% 的歷史低位，從圖 2.8 來看，

圖 2.8 美國網路泡沫後的殖利率曲線

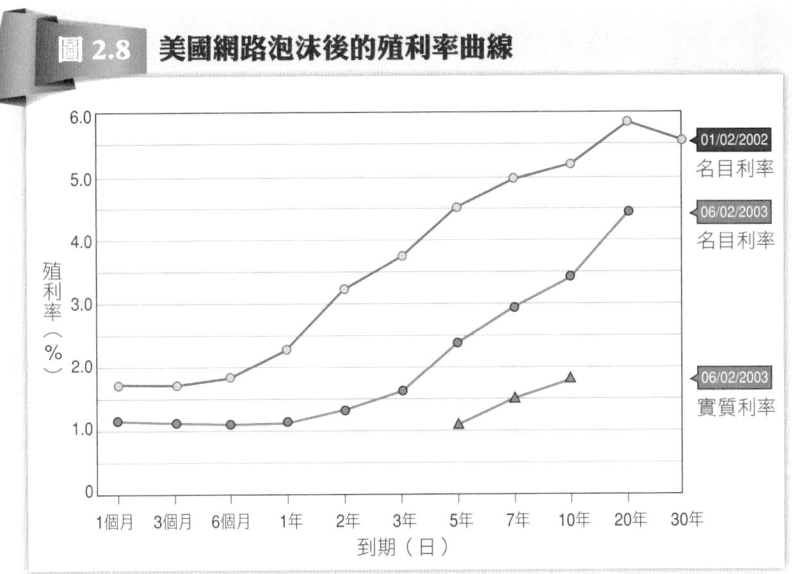

資料來源：US Department of the Treasury (2012). http://www.treasury.gov/resource-center/data-chart-center/interest-rates/Pages/Historic-Yield-Data-Visualization.aspx

2002 年 1 月到 2003 年 6 月，美國公債殖利率出現大幅下降；2003 年 6 月，美國 10 年期公債的實質利率低於 2%，但 5 年期以上的公債殖利率實質利率尚且高於 1%。

在上文（殖利率曲線）中，我們提到聯準會成功的操作殖利率曲線，現在我們觀察 2012 年的美國公債殖利率及其實質利率（**參見圖** 2.9）。圖中殖利率曲線雖然還是正常的正斜率，然而 10 年期的美國公債實質利率卻已轉變為負，就連 30 年期的公債殖利率也低於 1%。從實質利率的變化來看，金融海嘯之後，聯準會的貨幣政策明顯較網路泡沫來得寬鬆，且 2012 年美國 30 年期公債的實質利率甚至低於 2003 年的 5 年期公債。

圖 2.9 2012 年美國殖利率曲線

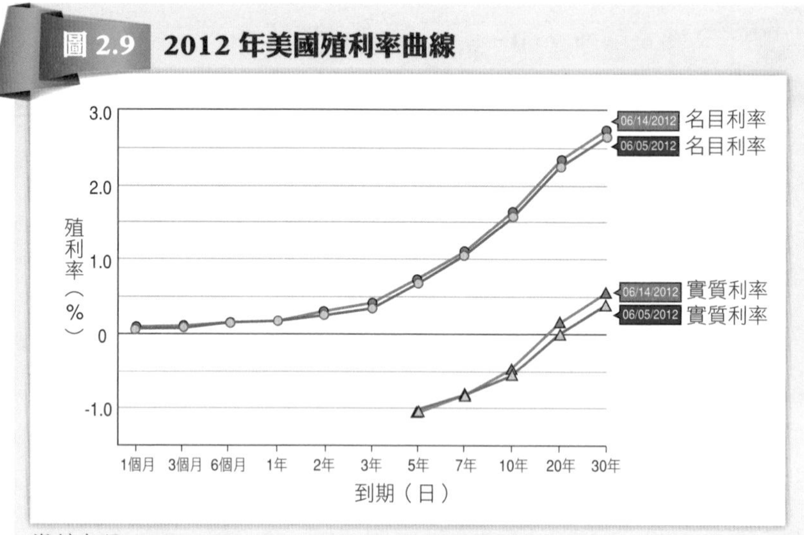

資料來源：US Department of the Treasury (2012). http://www.treasury.gov/resource-center/data-chart-center/interest-rates/Pages/Historic-Yield-Data-Visualization.aspx

讀者讀到這裡可能不明白為何筆者一直談及「公債殖利率」這檔事，但您一定會看到類似這樣的文字：「通膨加上負利的經濟環境，擁抱鈔票與現金的人會成為財富縮水的輸家，唯有以實質資產才能換取財富暴增。」而您也一定曾看到過這樣的頭條新聞：「聯準會決議，超低利率將延長到 2015 年中。」只是，聯準會沒說的是，QE3 的目的是要解決房利美、房地美種下的禍根，大量收購「房地產」的次貸債券，這場「印鈔票救經濟」的戲碼背後衍生的通膨壓力，將造成原油和糧食價格上漲的副作用，這在後文會為讀者進行分析。

在市場上，您會看到美國現階段流動的熱錢，傾向風險低、安全性高的房地產，細心一點的投資人也會發現，「台灣亦復如是」。當實質利率轉負值時，你把錢放銀行裡根本是在蝕本，所以「殖利率曲線正常化」真得打個大問號才是。

以實質利率（**實質利率＝名目利率－通貨膨脹率**）來觀察，如果是在通縮環境下，那麼就算名目利率較低，其實質利率反有可能較高，對於存款戶以及退休族群（詳見前面退休一文）來說，依然可以維持購買力，而以目前美國的實質利率來看，聯準會為了刺激消費與投資，容許較低的實質利率。

當實質利率為負時，將會成為通膨的溫床。從圖 2.10 來看，當殖利率為負時，CRB 指數〔又稱 CRB 期貨價格指數，全名為「商品研究局期貨價格指數」（Commodity Research Bureau

圖 2.10　負利環境容易造成通膨溫床

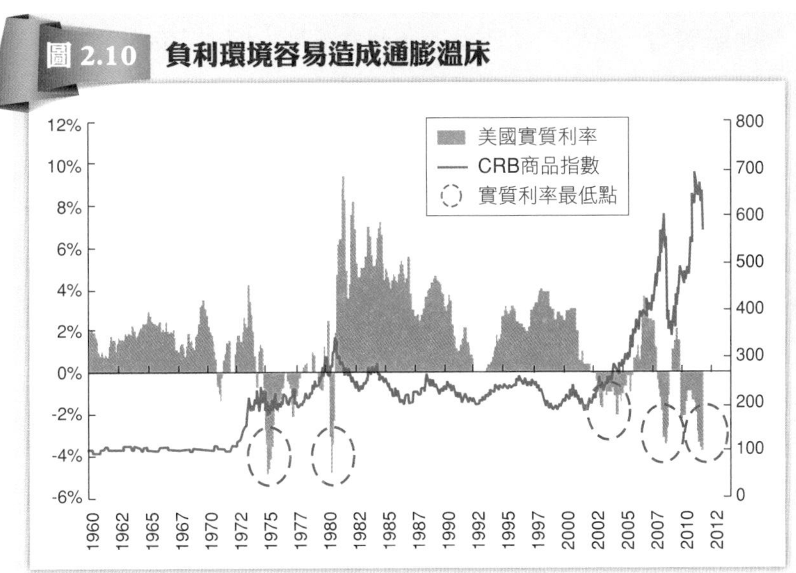

註：當實質利率為負時，CRB 指數多維持上升走勢或維持在最高點。
資料來源：平安期貨研究所（2012）。http://futures.hexun.com/2012-01-31/137614072.html

Futures Price Index）〕都出現大幅的上升，原物料的上漲必將引致通貨膨脹。當然，我們也可反過來說，由於原物料的上漲導致通貨膨脹，因此實質利率轉為負。不過如果要讓原物料價格下滑，美國聯準會必須控制在一定的正實質利率，如果允許較低甚至負的實質利率，則原物料的價格將會很能控制。從圖 2.9 中我們可以發現，自 2000 年網路泡沫之後，美國的實質利率多數時間為負數，再加上金磚四國的興起，使得新興市場對於原物料的需求增加，因此 2000 年以後原物料的價格，就像是衝出牢籠的猛獸一樣無法控制，也因為實質利率為負，貨幣的購買力下降，造成對貨幣的不信任，也就造就黃金的大多頭。

綜上所述，當經濟出現危機時，貨幣當局如果決定維持貨幣的購買力，結果就是造成資產價格下跌，而資產價格下跌將使投資與消費縮水，不利於持有資產的人，而有利於持有貨幣者；相對的，一旦貨幣當局決定維持資產價格，自然必須降低貨幣購買力，此時則有利於持有資產者，也就不利於持有貨幣的人，此時持有貨幣的人將會進行投資跟消費。多數的貨幣當局為了避免失業率惡化，傾向於降低貨幣的購買力，以維持市場的消費與投資。

一如前文所描述的，**「印鈔票救經濟」最忌產生通膨壓力，一旦通膨產生勢必造成原油和糧食價格上漲的副作用**。這也就是為什麼中國大陸在因應全球經濟情勢下投入了 4 兆人民幣後，便將總體的貨幣政策首要目標鎖定在抗通膨上的原因；所以後面筆者會為您談談美國的非農就業人口和紐約的輕原油現象。

非農就業人口——經濟的體重計

從圖 2.11 美國的就業人口結構變化可以發現，2000 年以後美國係依靠小型企業（1-49 人）支撐其就業率，除了網路泡沫之後推升小型企業就業支撐率外，也因金融海嘯後，就業人口減少的比例相對較輕；其中以大型企業（＞ 499 人）的表現最為疲軟，於 2003 年之後幾乎已不再成長，並於金融海嘯之後就業人數再創新低，海嘯之後增加的比例也是最低；中型企業（50-499 人）則介於兩者之間。美國中小企業的總數超過 2,500 多萬家，占全美公司總數的 99%，所創造出的就業人口占美國 7 成以上。

圖 2.11 美國大中小型企業的就業人口變化

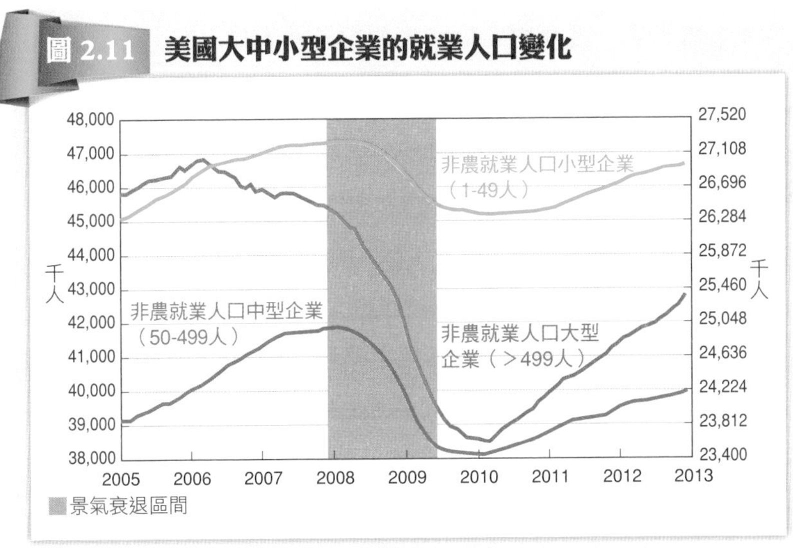

資料來源：FRED (2012). http://research.stlouisfed.org/fred2/

「全國獨立企業聯盟」（National Federation of Independent Business, NFIB）主要是扮演美國小企業諮詢、交流與研究的機構。從圖 2.12 來看，雖然 2010 年之後小企業的徵才有所回升，但在過去經濟成長期間，小型企業創造就業的能力應該是：**計畫徵才－計畫裁員＞** 5%，即使在網路泡沫之後，依然可以維持在這個水準之上，不過至今經過 5 年的時間，小企業徵才的意願只能勉強超過 5%，可見徵才意願低於過去的景氣水準。因此，以 ADP 的就業數據來看，2008 年金融海嘯之後，雖然小企業的員工數恢復較中大型企業來得快，但相較於過去的表現還是相對遲緩。

美國非農就業人口的變化一直是全球注目的焦點，因為美國是全球重要的消費市場，而就業人口的變化，能夠反映美國經濟的榮枯，因此市場多會關注美國就業數據的變化。以圖 2.13 來看，當非農就業人口維持在 65,000 人以上時，美股表現

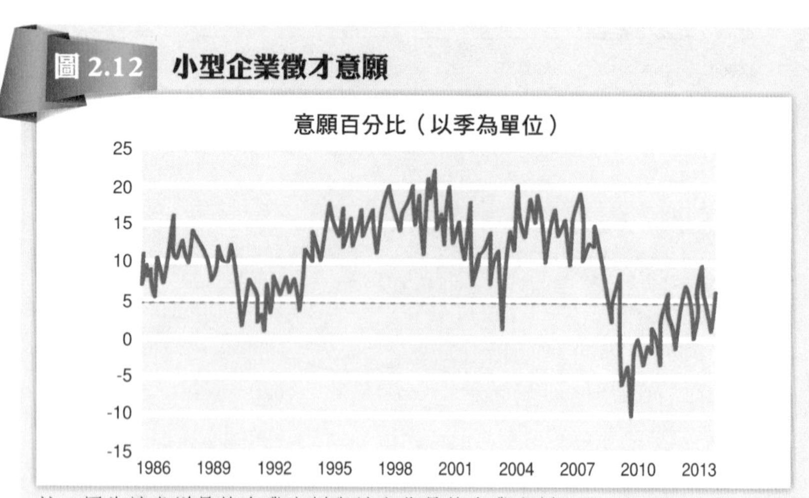

圖 2.12　小型企業徵才意願

註：圖為計畫增員的企業比例與計畫裁員的企業比例。

資料來源：NFIB (2013). http://www.nfib.com/

圖 2.13　美國 S&P 500 指數與非農報告走勢圖

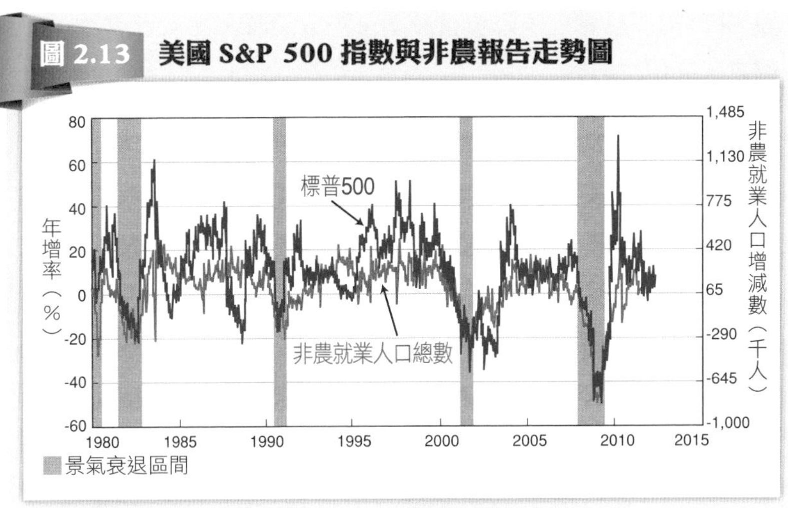

資料來源：FRED (2012). http://research.stlouisfed.org/fred2/

多數較好，不過以目前美國的人口自然增加率來看，美國每個月的非農新增就業人口，如果沒有達到 15 萬人以上，是很難改善美國的失業率，非農就業人口如果轉為負，美股幾乎都要面臨很大的修正，尤其在次貸海嘯之後，美國經濟緩步回溫，每個月的非農就業人口呈現不穩定的現象，但由於非農就業人口持續增加，使美股維持多頭的趨勢。

ADP（Automatic Data Processing Inc.）是美國一家大型的人力資源公司，由於在美國擁有超過 50 萬家的企業客戶，並涵蓋超過 2,400 萬人的雇員，由於涵蓋的範圍廣，因此 ADP 就其服務的企業，針對非農的部分做調查，並於每個月第一個星期三公布的「ADP 全美就業報告」。

美國勞工局的調查則是分別針對企業及家庭的 6 萬個家庭進行訪問，訪問內容含括性別、年齡、種族、學歷等；以及針對 38 萬個非農構，內容包含就業、加班工時、工資等。並在每個月第一個星期五公布。

如果每個月去追蹤兩個數據變化，就單 1 月份而言，兩者之間可能出現較大的差異，但如果拉長時間看，可以發現兩者的趨勢是一致的，不過市場較重視的還是美國勞工部的官方數字，因勞工部發布的報告涵蓋較廣，不單純只有就業市場，而

圖 2.14 ADP 與美國勞工局報告高度相關

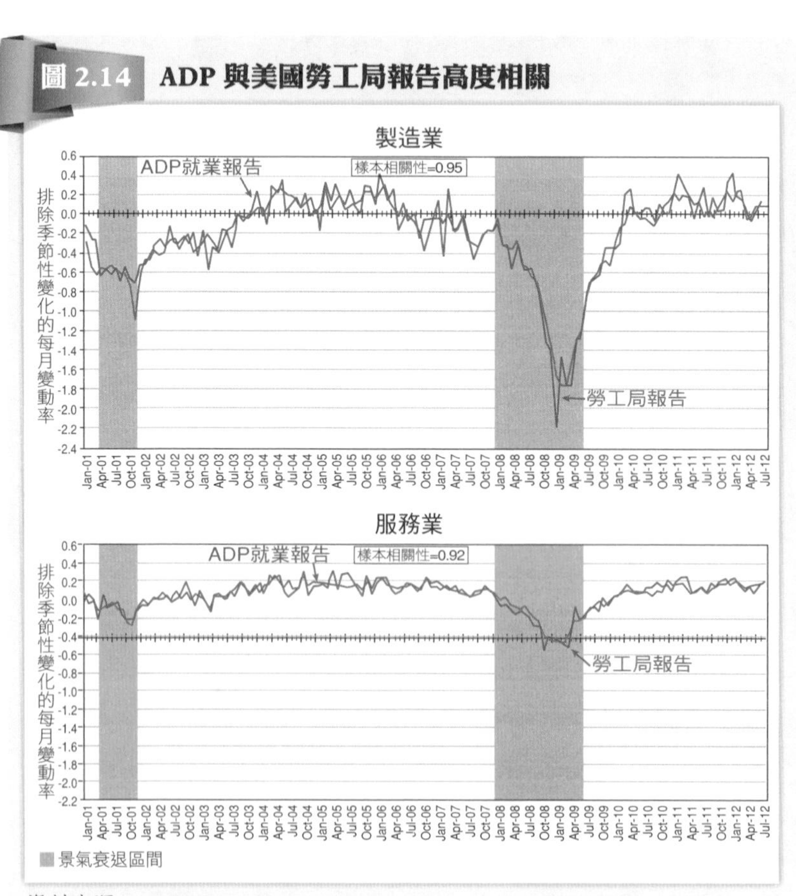

資料來源：ADP (2012). http://www.adp.com/

ADP 的就業報告也很具有參考性。圖 2.14 是 ADP 公布的研究報告，製造業的部分與勞工局的相關係數高達 0.95，服務業的相關係數則高達 0.92。

圖 2.15 針對 ADP 的報告與非農就業報告進行比較發現，網路泡沫後 ADP 的就業人口在 2003 年後才開始出現穩定增長；美股也從 2003 年走了 5 年的多頭直至 2007 年底。

2008 年美國就業市場出現急速惡化，細心的投資人如果有留意美國的就業變化，即使在 2008 年初才退場，以買進 EFT 的投資人來說，S&P 500 指數也有機會賣在 1,300 點以上，避開 2009 年 1 月的最低點 666 點（約 50% 的跌幅）；更精明的投資人，會在 2007 年 8 月就業市場一度出現衰退時，就有所警覺。就業市場雖然是相對較落後的指標，不過當就業趨勢出現轉變

圖 2.15 兩種非農就業報告的比較

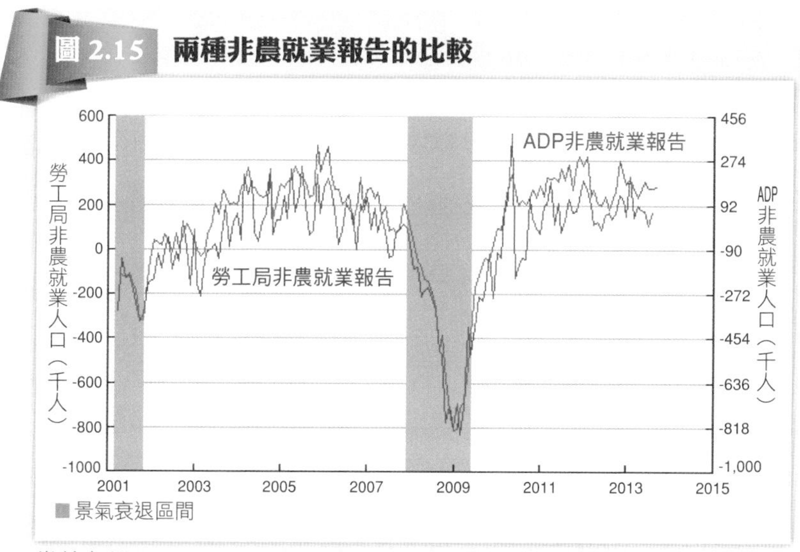

資料來源：FRED (2013). http://research.stlouisfed.org/fred2/

時，往往代表確認景氣方向已然轉變，而這時的**美國非農就業人口的變化是國際投資人很重要的觀察標的**。

紐約輕原油

投資人如果有在觀察美國的局勢變化，可以從 1995 至 2011 年間原油與 S&P 500 的變化（**參見圖** 2.16），發現兩個現象：(1) 從長期來看，原油的價格與股價的變動方向相同；(2) 原油高點與股價高點的位置接近。當然，原油可供運用的範圍相當廣，使得原油價格的變化足以反映市場的供需變化，與物價的反應及景氣榮枯，息息相關；因此，**原油被視為是觀察全球整體經濟的重要指標**。

圖 2.16 **1995-2011 年紐約輕原油與 S&P 500 股價變化**

資料來源：FRED (2012). http://research.stlouisfed.org/fred2/

原油價格雖然會受到地緣政治及資金炒作的影響，但原油價格對於需求的敏感性卻相當的高；如美國原油庫存一旦較預期下降的數據高時，原油就會適時的反應上漲。只是，原物料是相對落後的指標，當原油推升物價導致通貨膨脹，引發央行啟動升息機制時，那麼，股市以及景氣高點往往就不遠了！

目前原油價格的變化對於美國經濟的影響性已經降低，在美國新技術以及能源政策下（**參見第 5 章〈糧霸——原物料的新型態戰爭〉**），享有較他國為低的能源成本。西德州原油的品質高於布蘭特，所以一般來說西德州原油的價格應該高於布蘭特，不過從 2010 年 11 月之後西德州輕原油價格開始持續低於布蘭特原油，而美國的瓦斯價格也低於他國，使得來自於能源所造成的通膨壓力遠較他國來得低，也讓美國的貿易逆差得以縮小，但原油價格的變化還是與經濟的基本面有著正相關。

2.3 美國經濟的脈搏——領先指標看美股

經濟發展與股市走向關係密切，如果能夠掌握經濟變化，等同能夠順利的在金融市場裡頭淘金，因此小至個別投資人大至投資機構及基金，莫不希望能夠診斷甚至預測經濟走向。在本書的第 6 章〈**經濟學也可以很有趣——看三隻小豬如何玩股債**〉裡將會為讀者介紹投資銀行自創的評估經濟的方法，由於一般投資人不見得能夠輕鬆的拿到資料，因此提供投資人方便使用的決策工具就相對重要了，在這裡為讀者介紹如何簡易測量美股的脈搏—— 10 項領先指標。

美國領先指標有 10 個組成項目：每週初領失業救濟金人數、製造業每週平均工時、新訂單（消費性物品及非國防資本財）兩項、賣方業績、S&P 500 指數、營建許可、M2 貨幣供給額、美國 10 年期公債與基準利率、銀行隔夜拆款長短期利差、密西根大學消費信心指數等。這些數據由經濟諮商局（Conference Board）於每個月 20 日左右公布上個月的變化。由於領先指標主要的用途是作為預估未來 6 至 9 個月的美國景氣變化，因此對投資人而言，確實不失為是一個可供參考的數據，當然是否可用還是需要經過實證，因此在這裡我們將領先指標與標普 500 一起作觀察。

我們從圖 2.17 可以觀察到，從 1982 年公布數據以來顯示，只要領先指標維持 0.5% 以上的成長，即使中間股市有大小不等的回檔，依然呈現多頭的格局，股價未來還會創新高。而五次跌落 0.5% 以下的狀況，之後有四次出現經濟衰退，這五次隨後都伴隨著股價的修正，因此當指數跌破 0.5% 應先退場，保持觀望。

買進的時機則可以選擇當領先指標由負轉正時，除了 2000 年網路泡沫過後，領先指標翻正之後再拉回至 0%，後續標普指數也還有再向下修正的可能性，但長期來看，當指標翻正之後雖然沒有買進在絕對低點的位置，也還是在相對低點的位置；因此，**領先指標也可以當作好的進場參考依據**。

2011 年 8 月分在美國受到降評的威脅下，全球股市皆出現很大的跌幅，標普 500 也從 1,331 點下跌至最低 1,074 點；標普 500 於 2012 年 3 月時，創下金融海嘯後的新高；觀察圖 2.17

圖 2.17 美國領先指標與標普 500 指數

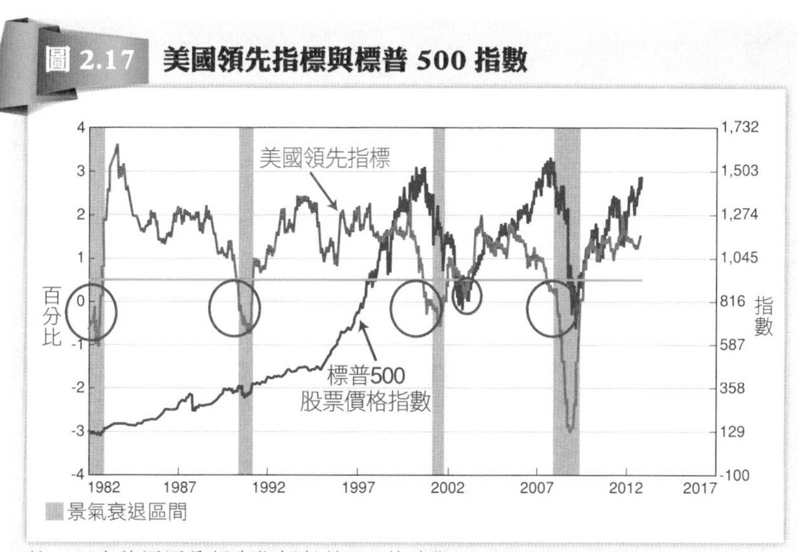

註：下方的圈圈是領先指標低於 0.5 的時期。
資料來源：FRED (2012). http://research.stlouisfed.org/fred2/

領先指標可以發現，這段期間領先指標未曾跌破 0.5%。雖然，2011 年受到美國降評及歐債風暴的影響，金融市場可說是風聲鶴唳，但從領先指標的變化來看，美國經濟數據的表現依然不差；因此，美股最終會回到多頭的軌道。

從以上實證可以發現，美國的領先指標很適合作為一般投資人的參考，因其包含了勞動、消費、製造，以及金融等相當全面性的數據，並以上個月實際公布的數據進行整合，又相較 GDP 的數據更為即時，對於想要投資美股的投資人來說，是非常好用的工具，尤其適合長期波段操作者。讀者可上 Federal Reserve Economic Data（FRED）網站鍵入代號 USSLIND（Leading Index for the United States）去參考這些領先指標。

135
130
125
120
115
110
105
100
95
90
2006
2007
2008
2009
2010
2011
2012
2013

CHAPTER 3

輪盤轉一轉——十年河東十年河西看亞洲

古人說：「十年河東十年河西，風水輪流轉」，但對投資人而言，或許是十年（東）北亞，十年（東）南亞。

3.1 日本高科技的隕落

魏徵是唐太宗非常重用的大臣，以直言敢諫為名，因此當魏徵過世時，唐太宗難過的說：「夫以銅為鏡，可以正衣冠；以古為鏡，可以知興替；以人為鏡，可以知得失。我常保此三鏡，以防己過。今魏徵殂逝，遂亡一鏡矣。」

台灣過去走的是電子代工的路線，後逐漸發展出電子品牌，電腦雙 A 是台灣電子業重要且全球知名的品牌，當智慧型手機興起時，宏達電成為另外一個新興的電子品牌，台灣如果能夠發展出多個全球品牌，對於台灣的產業及公司獲利能力，以及提升台灣的知名度確實很有幫助；然而，開創品牌是一個艱難的道路，要守成更是不易，即使是已開發市場歐、美、日的強勢品牌，也不免會出現品牌的隕落，因此觀察國際品牌的生態變化，可以給予台灣電子品牌產業一個明鏡，尤其是在變化快速的電子業裡。

如果從 2007 年 1 月 3 日開始同時布局三星、夏普、索尼，由於已經接近全球的金融海嘯，那時的買進價位都在相對高檔區。如果投資人持續持有三星，在歷經金融海嘯至 2012 年 10 月 31 日，相信獲利也可以超過 100%；然而，反觀索尼以及夏普皆出現大跌，其中夏普甚至下跌達 74.71%，相信讀者對於 2012 年的「鴻夏戀」一定不陌生，二者的股價表現大不同於三星；當然，這跟企業的獲利有很大的關係。讀者參考圖 3.1 可

圖 3.1 亞洲三大電子龍頭比一比——三星、夏普、索尼走勢圖

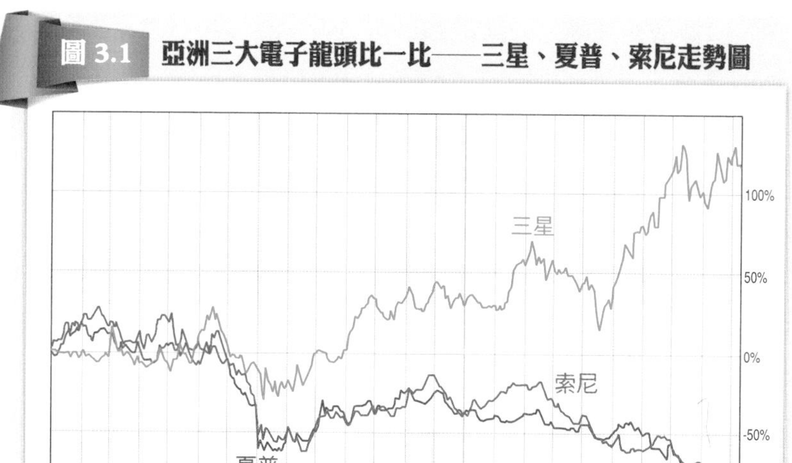

資料來源：YAHOO 財經網（2012）。http://finance.yahoo.com/

以發現，金融海嘯之後，三星與夏普、索尼的競爭力大幅度拉開，三星藉由切入智慧型手機，以整體戰略的方式讓獲利不斷創下新高，反觀夏普及索尼卻陷入虧損的泥沼。

東方的日不落——黃昏來了嗎？！

二次戰後，原本斷垣殘壁的日本受惠於美國的大力扶植而迅速崛起，經濟高速發展。1980 年代，其境內甚至發出了買下美國變成日本第四十一個縣的豪語，然而貨幣市場裡的老大豈容人在自家庭院撒野，1985 年的一場廣場協議（Plaza Accord），讓日圓大幅升值，短短三年之內升值近 1 倍，房地

產、股票價格狂飆，一直到 1989 年 5 月，日本央行轉而採取強烈的緊縮性措施，戳破資產價格泡沫，帶來了日本往後十餘年的夢魘。

或許一如哈佛教授 Ezra Vogel 於《日本第一》（*Japan as Number One: Lessons for America*）書中所言，日本當年席捲整個世界，讓美國人一度感到恐懼，然而這風水已輪流轉，在美國以及韓國雙面夾擊之下，日本電子產業出現節節敗退的現象，多家日本知名電子企業東芝、NEC、SONY、任天堂、松下紛紛出現虧損，甚至創下虧損創新高的不名譽紀錄。

日本企業為何出現如此大轉變，成為許多人的研究對象，雖然日本匯率升值也是原因，但日本汽車於全球依然占有一席之地，且日本製造業早已經做好全球化的布局，因此匯率的變化似乎並不算是主因。觀察日本企業對於研發的投入，可以發現 Sony Ericsson 的研發費用占營收的比例高達 12.2%，遠高於韓國三星以及蘋果的占比，也就是說，在全球移動通訊的設備廠商裡頭，SONY 的占比並不低；再觀察 2011 年美國專利的前 20 強，可以發現日本企業的專利數量驚人（**參見表 3.1**）。

2011 年，在美國獲得專利數量的前 20 名共有 12 家亞洲公司，其中日本企業占有 9 席，占前 20 強約一半的席次，可見多數日本企業對於專利的布局相當的積極。換句話說，日本企業並不是在原地踏步而任人超越，尤其是在 2011 年 3 月 11 日日本大地震之後，電子業出現了斷鍊的危機，讓全世界瞭解原來日本掌握許多重要的關鍵零組件，既然日本如此重視研發又為何會在品牌的競爭之中失敗？

表 3.1 日本電子業斷鍊了嗎？

近五年研發占收入的平均比重		2011 年美國專利亞洲前二十強[1]		
公司名稱	比重	公司名稱	名次	專利數
微軟	13.80%	三星	2	4,894
諾基亞	12.90	佳能	3	2,821
谷歌	12.80	國際	4	2,559
索尼愛立信	12.20	東芝	5	2,483
三星電子	8.30	索尼	7	2,286
移動研究	6.70	精工	8	1,533
索尼	6.10	鴻海	9	1,514
亞馬遜	5.50%	日立	10	1,465
宏達電	5.10	樂金	12	1,411
惠普	2.90	富士通	13	1,391
蘋果	2.80	理光	15	1,248
戴爾	1.10	瑞薩電子	19	1,005
		本田	20	997

註：1. 日本企業共 9 家進入 20 強。
2. 索尼的研發費用並不算低。

資料來源：專利研究公司（IFI CLAIMS Patent Services, 2012）。http://soft.zdnet.com.cn/software_zone/2012/0112/2074607.shtml

科技業真的衰敗了嗎？！

日本的科技產業真的衰敗了嗎？這是很多研究日本近幾年來經濟趨勢的學者們很感興趣的話題，例如科技網站 CNET 專欄作家 Brooke Crothers，就將日本科技業的衰敗原因歸類出下列六項：

1. 屬於漸進式改變，而非破壞性創新（Stuck on incremental, not disruptive innovation）：日本科技產業的經營者，主要著眼於科技上的改良而非創新，如創造出新的消費習慣。
2. 日本式的傲慢（Japanese hubris）：由於不把其他國家的企業放在眼裡，自尊自大而忽略企業轉變的重要性。
3. 錯失 PC 數位革命（Missed the PC revolution）時機：日本科技產業忽視網路數位革命的前瞻與發展，以致在行動通訊上始終無法在全球的智慧型手機上占有一席之地。
4. 製造至上（Monozukuri or "making things"）：為製造而製造，以為只要是列上日本製造，全球就會自動買單。
5. 忽略了軟體（Software）發展：過度專注在硬體的研發之上，忽略了軟體上的開發。
6. 囿於固有的島國思維（Insularity）：科技產品在規格的設計生產上，以日本消費者的使用習慣為重，難以跨出市場的版圖。

日本的消費性電子不但沒有持續做出創新的商品，且輕忽新消費習慣的出現。1979 年，SONY 成功推出 walkman（隨身聽），創造出新的流行風潮並讓 SONY 隨身聽風靡全球；市場上的科技數位產品一直到 2001 年才由蘋果推出第一個數位隨身聽 iPod，並配合 iTunes 軟體播放程式，也就是在這長達二十年的時間裡，日本消費性電子產品沒有任何的突破性創新。隨著消費帶領潮流，消費者的口味變了，到了 2004 年 1 月，短短三年不到的時間，iPod 成為全美國最受歡迎的數位隨身聽，成功的擁有了 50% 的市占率。

夏普（Sharp）一直以來都被稱為「液晶之父」。在 2003 年時，夏普全球液晶電視的市占率超過 5 成；2004 年時，推出了第一台 45 吋液晶電視；2007 年時，發表第一款壁掛式液晶電視。夏普在液晶電視的表現領先全球，過度沉迷於科技的競賽，以及日本製造的招牌，忽略了對手低價搶市的威脅，過去的優良成績現在反而成了夏普的絆腳石。由於消費者對於視覺的感受差異不大，因此市場被走低價流行風格的三星所奪走。韓國三星就像「傑克與魔豆」裡的傑克般，利用日本這個巨人睡著時，偷偷的偷走會下金蛋的金雞母與魔琴，等到巨人醒來發現不對的時候，爬下藤蔓想要追傑克，卻因傑克砍斷藤蔓而活活摔死。

過去，韓國三星以打敗 SONY 為目標，派員去學習日本的技術，下重金提升技術能力，在時尚的外型以及高 CP 值的產品策略配置得宜的狀況下，慢慢地蠶食市場，過往不把歐美看在眼裡的日本企業，當然更不會把三星放在心上，等到發現情況不對時，卻已經落後三星。

網際網路興起之後，日本的消費電子對於移動通訊的相應發展不足，是造成日本電子品牌衰敗的重要原因，尤其是因為日本消費者並沒有特別喜愛用智慧型手機，也是造成日本在智慧型手機失敗的重要原因。即使在目前，日本的智慧型手機的普及率也只約 20%，低於台灣的 26%，到了 2015 年時，根據資策會的預估，台灣智慧型手機的普及率可達 56.8%。

日本消費者慣用的是可摺疊的貝殼機，功能相當齊全，包含上網、玩遊戲、收發 E-MAIL、看電視等，日本手機上網相當普遍，因此二維條碼（或稱 QR 條碼）以及電子錢包的應用相當普遍，由於日本一般手機皆能達到需求，因此智慧型手機的使用需求在日本的市場並不高。過於重視日本消費者的消費習慣，忽略了全球消費者使用習慣的改變，讓 SONY 跟夏普錯過智慧型手機興起的時機，而蘋果、三星及宏達電卻趁此壯大。

網路泡沫結束後，網路運用繼之興起，使得手機使用的 OS 作業系統的重要性增加。由於資訊科技的高速發展，消費市場隨之變換，失敗的不只是日本企業，歐洲的 Nokia 以及 Moto 也面臨相同的命運，如 Google 夾其強大的軟體實力再加上 Android 的市占率，讓 Google 股價來到歷史高點；此外，蘋果也有自己的 IOS 系統，Nokia 以及 Blackberry 也有自己的作業系統，三星及宏達電則沒有自己的作業系統，採用的是 Android 的系統；所以，不是有自己 OS 系統就會成功，也不是沒有就會失敗。

重要的是，企業要有自己的獲利模式，亞馬遜的平板電腦採用的是 Android 的作業系統，並且是賠錢在賣，但它可以藉由消費者使用的普及再從線上影音、書籍等賺回來，除了在硬體上保持競爭力以外，軟實力才是抓住消費者與獲利的重要關鍵，至少建構於 OS 上的應用要吸引人，日本的電子品牌很重視專利跟新科技的研發，在硬體上具有一定的競爭力，重要的是在服務的內容以及價格上如能夠做適當的調整的話，日本的電子廠商還是有機會維持一定的占有率，只是對於日本電子品牌來說，如何創造收益恐怕比搶奪市占率更為重要。全球市場莫不如是。

台灣需引以為鑒

宏達電為何會在智慧型手機裡頭潰敗？智慧型手機漸漸開始流行時，需求的硬體跟軟體並沒有太大的差異，但當產業快速發展時，軟硬體之間需要不斷的突破與創新，當技術能力不夠時，就無法適切的將兩者結合。宏達電在專利的布局以及相應的 APP 皆較弱，這足以讓消費者對於使用上的差異，明顯感受到；此外，在專利官司同樣也面臨困難，就像百米短跑選手在前 20 公尺或許成績差異不大，但在愈接近終點時，實力高低就愈明顯表露，如果 CP 值又不佳，成績自然會落於對手之後。宏達電在市場上一直無法行銷其產品的特點，面臨銷售衰退時，又不願意調整高階手機的市場策略與價格，成為其市占率衰退又無法止穩的重要原因。

國內智慧型手機三大廠宏碁、華碩、宏達電所面臨的共同問題是，目前電腦、手機的作業系統幾乎被美國所壟斷，如果微軟、Google 決心要朝蘋果的方向邁進，對於台灣的品牌業者將會是一大殺傷力。前一陣子微軟推出自己的平板 Surface 親上火線試水溫，Google 則併入 Moto，並另與華碩合作推出 Nexus

7。或許台灣企業並沒有財力跟人力去開創新的作業系統，但如果能建構在原有的系統之上，開創出新的軟體商機，將有助於台灣電子品牌的品牌忠誠度及提升企業的獲利能力。

硬體設備的升級固然非常重要，但千萬別忽略了軟體的服務。華碩曾經推出 Eee PC 讓小筆電一度成為風潮，後因缺乏軟體的支援，如開發適合並專屬小筆電的應用程式或遊戲，而被隨後跟進的其他品牌侵蝕其市占率，更因為平板電腦的出現，創造出全新的消費者體驗，使小筆電逐漸為平板電腦所取代。

電子產業變動快速，且幾乎所有電子產業只有前兩名可以賺錢，無法抓到下一波潮流的企業將會面臨經營的危機。以圖 3.2 來看，2009 年後 PC 的銷售幾乎呈現一個持平的變化，整個成長的動能來自於平板，沒跟上這一波潮流的 HP、ACER、DELL 這段時間的經營非常辛苦，HP 甚至幾度傳出要賣出電腦部門，而平板電腦的興起也造成微軟的視窗作業系統的市占率往下掉，因此微軟積極推出 WIN8 想要扳回一城。可見得如果沉溺於過去的經營模式及商品，即使過去市場占有率第一、或是先進國家的品牌，都有可能在短短的 5 至 10 年內被取代，乃至消失。

商品的銷售最重要的是行銷，台灣廠商除了在技術的研發投入應該要再增加以外，在行銷上必須更加的著力，讓商品能貼近消費者，消費者的感受包含視覺、觸覺及能否整合各系統讓操作更順手，以及價格是否合理。並且在有限資源下開發商品的特點與強者結盟，尤其是台灣的電子品牌商不只面對韓系、美系品牌競爭，還有中國低價品牌搶市，未來將再加上日

圖 3.2 個人電腦銷售品牌變化，成長來自於平板

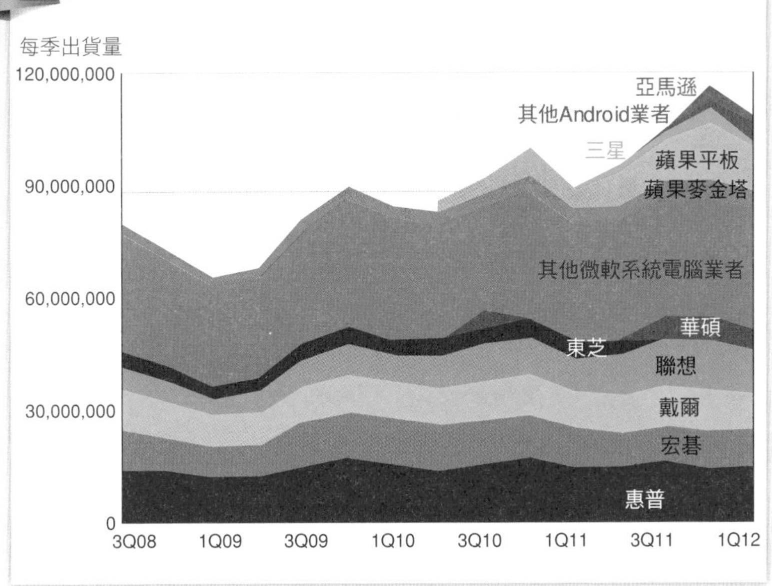

資料來源：Asymco(2012). http://www.asymco.com/2012/05/23/the-pc-market-overview-for-q1/

本轉型的衝擊，如果仍舊故步自封，絲毫沒有因應策略，台灣科技業的危機並不亞於日本所面臨的問題。就像當初 IBM 如果沒有轉型成功，退出消費市場之後建立新的商業模式，產生穩定的營收與現金流量，那麼 IBM 的問題將不小於 HP。這給投資人一個啟示，**任何品牌商過去的成就不代表什麼，重要的是，其經營方向與模式能否迎接未來 5 至 10 年的市場變化，投資人千萬不要迷戀企業或者品牌的過去績效。**

3.2 中國降息是多還是空——投資人該怎麼看

常常在報章媒體可以看到，當降息的消息出現時，往往都被當成利多看待，解讀為市場帶來資金行情，然而從歷史的經驗來看，短線上或許還有高點出現，但之後往往伴隨著泡沫的破滅而大跌。

21 世紀，中國經濟出現快速增長，上證指數在 2007 年來到最高 6,124 點的位置；現在，投資股市被中國投資人視為是最危險的行業，在中國生產要素成本大幅提高之下，東南亞國家吸納了中國代工產業後，經濟開始展現高速成長，這是東南亞市場；而在東北亞這頭，日韓正在進行產業大戰，日本在電子品牌上幾乎面臨完敗的命運（如前文所述），不過日本依然存有強大的經濟及工業基礎，筆者以為，未來 5 年將會是日本電子品牌能否扭轉乾坤的重要關鍵點，而台灣不只是地理位置甚至產業鏈都位在上述的中間位置。

1997 年東南亞金融風暴讓東南亞出現巨大金融危機、21 世紀被稱為中國人的世紀、東南亞國家人口紅利正在不斷發生作用……，亞洲經濟版圖的變化可說是瞬息萬變，對於投資人甚至公司經理人來說，瞭解其間的變化甚是重要。

為何中國央行降息不是好事呢？我們應該反向思考的是，央行為何要降息？央行有可能在何時會採用降息的手段？

各國央行在做利率決策時，會將目前以及未來預估的經濟變化拿來衡量，重要的是將失業率、通貨膨脹率、經濟成長率包含進去；台灣跟中國是出口導向的經濟體，出口數據的變化通常也是考量之一。

央行何時會升息？當景氣逐漸增溫，經濟開始成長、失業率開始下降、通膨開始上升，此時央行為避免經濟出現過熱，會採用升息的手段避免通膨失控，從經濟循環的角度來看，央行的升息代表著景氣在往正向的發展中，此時股市或許已經先行漲了一段時期，但日後還是會有高點，此時投資人還是可以放心的進行投資。

央行何時停止升息？當通膨持平或者還在上升，而失業率已經停止下降，人民的薪資成長跟不上通膨，使得終端的消費開始緊縮，經濟成長逐漸趨緩，此時央行會避免升息以免進一步收縮消費力道，暫停升息的動作，但由於通膨尚在高檔，央行此時也不會採取降息的手段。

央行何時開始降息？通膨已經趨緩或者微幅下降，而企業開始出現緊縮人力的現象，使得失業率開始逐漸上升，由於終端的消費能力減弱，上述的影響已經開始逐漸擴大；此時，央行為了提升人民消費意願及企業的投資意願，開始採用降息的手段，但就像央行一開始升息時一樣，並不會立即減輕經濟增長，當央行剛降息時也無法阻止經濟的下滑。

央行何時停止降息？當通縮的狀況改善，失業率已經停止上升，企業開始願意投資，使得經濟成長率有起色，此時股市還在谷底卻不再破底，企業獲利能力已經停止衰退，**出現適合**

投資人進場的長期買點。

以上是央行面對經濟循環時在利率政策上採用的應對方式，股市的表現或許未必跟景氣同步，但就長期而言，股市終將反映基本面。從**圖 3.3** 可知，中國人行（即中國央行）前三次降息的時間點，恰巧都位在台股 8,500 點上下的位置，後頭雖然有高點但也在台股相對高檔的位置，這次較為不一樣的是，中國人行降息時台股位在 7,301 點，早已經從高點 9,220 點下跌，不過台灣經濟跟中國早已有很深的連結，**中國由於經濟增長趨緩所導致的降息，對於台灣而言絕對不是利多。**

圖 3.3 常常不是好事的中國再降息

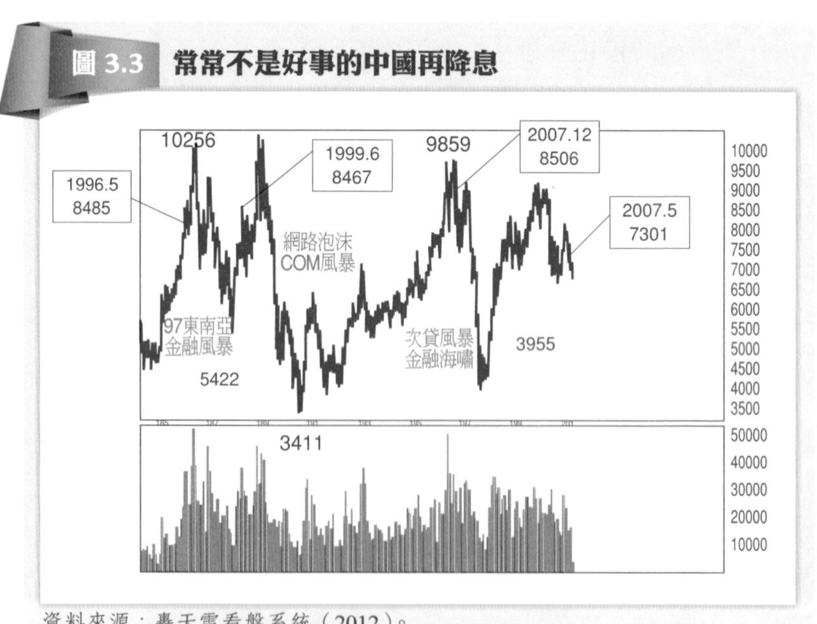

資料來源：轟天雷看盤系統（2012）。

降息有鬼的中國人行

2012年6月7日中國人行首次調降一碼，然而，整個第三季的全球股市，包含歐豬國家在內都在走多頭，卻只有中國在走空頭，台股的表現則是追隨著歐美，由於中國股市持續獨自下跌，讓股民怨聲載道，使中國政府積極開放QFII（Qualified Foreign Institutional Investors，合格境外機構投資者）業務許可，希望為中國股市投入資金動能，由原本需50億美元證券資產規模大幅下調至5億美元，也因為資格的放寬，讓台灣許多投信獲得QFII的資格，預期未來的基金市場恐怕會出現大量的投資中國基金。

 不透明的經濟數據

中國最大的問題在於企業經營以及經濟數據的透明度不夠，企業財報的可信度不高，再加上美國渾水公司（Muddy Waters Research）利用揭穿在美國上市的中國企業做假財報的放空獲利的事件發生，無疑令投資人對中國的投資更形怯步；另外，國企尤其是銀行獲得市場上大部分的利潤，故除國營銀行有較高且穩定的配息外，其他企業多數不願意配發股利，企業獲得利潤之後回饋給股東的過少，即使配發股利也低於人民幣一年期的定存3.25%。因此，中國人民對於股市投資都偏向於賺取價差的投機，一部分則轉做理財商品年收益約可達5%，成為另類的放貸並且是影子銀行重要的資金來源。

不可否認的是，從企業經營的角度來看，配息與否還是需要看其經營的需求。例如急於擴張的企業亟需用錢、中國一般中小企業借貸較為困難的企業需要用錢，或是像巴菲特的波克夏將資金留存在身上，因為那較之發給股東更能為股東創造更多的報酬率之類的，會需要把錢留存在身邊，因此也沒有配發股息。只是配息是檢驗企業獲利真實與否的重要指標，能穩定配息的企業往往是自由現金流量為正的企業。

所謂的「**配息**」是指企業藉由營運所創造的現金流入，扣除必要的企業經營及擴張所需的資本支出後，依然有多餘的資金可供利用，這樣的企業不但不會跟股東要錢（現金增資），反而可以有多餘的現金紅利分給股東，且也較能度過景氣轉收縮的衝擊。對於不願意發放股利的企業，投資大眾對其經營誠信的道德要求將更高，然而道德難以量化，所以只能依靠財報來檢驗，而中國企業的財報的不透明讓投資人難以一窺企業內部真實的情況，而一直為人所詬病。

鎖死股民資金的 IPO 夢魘

除了企業經營不透明及吝於回饋股東外，中國大量的 IPO（Initial Public Offerings，**簡稱 IPO，即首次公開募股，也稱首次公開發行股票**）也是中國股市的負面因子，企業需要擴張業務因此 IPO 上市是必須的，除了可以籌措營業所需的資金以外，有上市的企業也較容易跟銀行貸款，而部分企業也較願意跟有上市的企業做業務，容易增加企業的曝光度。不過，股市是藉由資金所堆疊而出，過多的企業 IPO 代表的是：吸收投資人的投資資金。

中國的IPO訂價過高，於2011年時平均發行價本益比為46.95倍。2012年雖然本益比下降至30.12倍，如2012年中國的IPO家數154家，籌資金額約165.84億美元，家數較2011年減少127家，金額也減少272億美元；然而，2012年IPO的破發率（破發行價的比率）依然接近一半。

中國股民資金被套牢在新上市股，而上市股對於股東的分紅又過低，使得股東能夠再投入股市的資金自然減少。供給（上市家數）增加但需求（再投入資金）減少，這使得中國股市要上漲的難度增加不少。

中國股市雖然相較全球位在相對低檔的位置，未來台灣投資人能夠投資中國的管道應也會逐步增加，但投資中國除了上述提到的問題外，恐怕還得將中國政策的不確定因素考量進去。此外，中國經濟成長率未來將會逐步降低，且中國地方政府、企業、人民債務問題一直是一個很大未爆彈，目前估計總債務是GDP的200%且持續增加，在GDP增速趨緩下未來的債務風險將會更高，對於想要增加國際投資部位的讀者而言，尋求經濟增長逐步增加的國家會較為有利。至於還是對中國股市有興趣的讀者，筆者建議藉由香港投資中國的藍籌股或者紅籌股是較為理想的投資方式。

3.3 東南亞的崛起——資金永遠往最有效率的地方移動

所謂的 smart money，有錢人當有「聰明」。泰國經過 1997 年東南亞金融風暴，2010 年 1 月 1 日「東協十加一」生效，投資資金往東南亞版塊移動，除了看到泰國股市創下 1997 年東南亞金融風暴以來高點之外（**參見圖** 3.4），其實可以觀察到更多面相，金融海嘯前的高點是 2007 年 11 月的 924 點（相對台股是 2007 年 10 月的 9,859 點），2011 年歐債風暴的高點是 2011

圖 3.4　泰國總理——盈拉！泰國股市——邊贏邊拉？

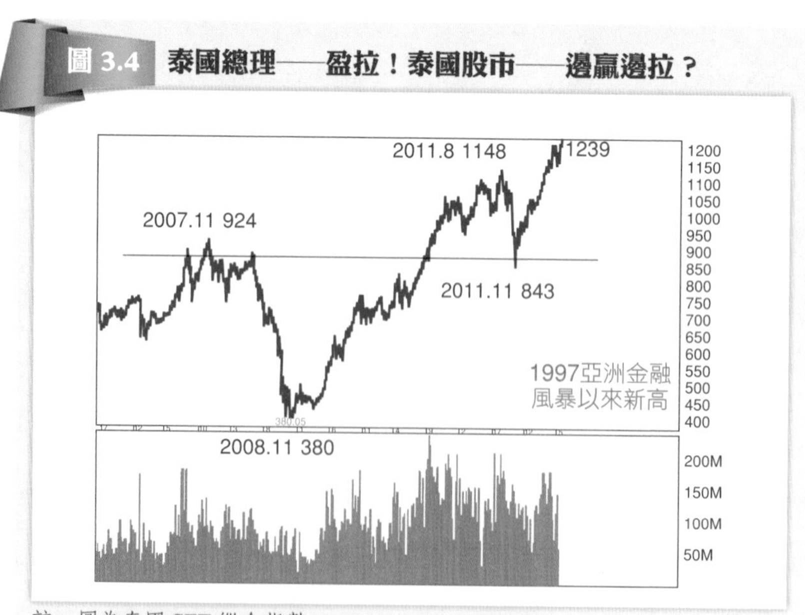

註：圖為泰國 SET 綜合指數。
資料來源：轟天雷看盤系統（2012）。

年 8 月的 1,148 點（相對台股是 2011 年 2 月的 9,220 點），2012 年 5 月來到近 1,240 點，超越 2007 年金融海嘯及 2011 年歐債風暴的高點，代表金融海嘯及歐債風暴對泰國經濟無影響，或說對泰國經濟影響的部分已復甦；反觀台灣則是：(1) 回到 9,220 點，才能化解歐債風暴的負面影響；(2) 回到 9,859 點，才可說金融海嘯的負面影響已完全解決……，看起來台灣似乎還有一段路要走。

相對於全球股市，東南亞股市在 2010 年開始可說是相當強勢。主要原因是 2010 年 1 月 1 日「**東協十加一**」生效的效果。東協十加一涵蓋 19 億的人口市場，擁有龐大的內需市場，並且

圖 3.5　東南亞熱！東北亞冷！

註：圖為東亞及東南亞股價變化走勢。

資料來源：Bloomberg (2012). http://www.bloomberg.com/

是僅次於歐洲經濟區、北美自由貿易區的第三大經濟區，即使扣除中國，東協人口也高達 6 億人，整個市場依然很龐大與擁有發展的潛力。

就像台股的新股掛牌，往往都有蜜月行情，更有不少股是在新掛牌後，成為台股股王或股后的例子，如 NB 的廣達、智慧型手機的宏達電、IC 設計的聯發科、太陽能的益通、觸控的 F-TPK 等，後面就得小心「神話」變成「鬼故事」的例子，如益通最高來到 1,220 元，最低曾跌破 10 元，令人不勝唏噓。

這些案例有一個重要原因——「籌碼」。新股往往因為籌碼相對安定，上檔沒有套牢壓力，成為法人籌碼鎖定拉抬績效的標的，如再配合業績題材發酵（怎麼上市掛牌時，業績剛好都特別好，怪不怪哉，讀者可以想一下），一躍成為盤面焦點。同理，現在全球三大自由貿易區，北美太成熟、歐盟問題多，東協才剛開始，成長及想像空間大，自然成為資金流動的主要方向之一。

投資人在投資上可以注意一下，「喜新厭舊」也是一個重要原則，所以對於新產業、新投資區域，應該要投注較大的關注。東南亞除了人口紅利以外，人工成本目前也較中國來得低，目前像中鋼、台塑四寶，甚至連鴻海都準備在東南亞設廠，許多企業都已開始開發東南亞的市場，比別人早點用功做些功課，就會有遠高於別人的報酬。當然，新的事物，相關的研究資料就較少，需要花更多功夫去做；相對的，也會得到更多報酬，天下沒有不勞而獲的財富不是嗎？台灣不能忽略未來東南亞的發展潛力，他們可能是台灣未來的市場，當然，也很可能是台灣未來的競爭者。

東南亞目前已經成為市場投資的熱潮，也正在走日本、台灣、中國過往走過的路。金融市場的投資自然應該找強勢的標的，而東南亞絕對是重要的標的之一，雖然整個東協人口可以形成一個巨大的內需市場，但除了新加坡之外，其他國家的人均收入皆不高，故目前製造外銷是很重要的一個經濟導向。國外的經濟狀況，尤其是美國自然也會有重大的影響，而目前的國外投資熱潮逐漸湧進，人氣聚集的地方往往是製造泡沫的溫床，中國上證指數 2007 年 10 月一度來到最高點 6,124 點，於崩盤之後甚至連 3,600 點都未曾站回過，從歷史的教訓可知，即使東南亞的經濟長線看好，唯建立退場機制非常的重要。

135
130
125
120
115
110
105
100
95
90
2006
2007
2008
2009
2010
2011
2012
2013

CHAPTER 4

貨幣比你想的更重要

現在許多人都使用塑膠貨幣甚至電子貨幣，少有人會真的親眼見到大筆貨幣在眼前流通，這些貨幣因為不具現實性，往往讓投資人輕忽它背後的影響力。

貨幣就像是人的血液或者空氣，如果經濟體缺乏貨幣將會難以轉動，不但會引發通貨緊縮，甚至導致經濟衰退，但是過量的貨幣恐怕將帶動物價的上揚，最終造成泡沫的破滅。

4.1 談談貨幣乘數

央行是調控貨幣多寡的獨立單位，可以藉由貨幣政策的工具去調控貨幣的數量以及貨幣的成本，但央行想要調控貨幣就一定要有所本，必須視國內外的金融情勢作應對，如同央行總裁彭淮南表示，台灣就像航空母艦旁的一條小船，容易受到國際資金流動的影響，央行在調控貨幣政策時考慮的面向必須非常全面，故瞭解央行貨幣政策的同時將有助於瞭解經濟的現況，因此研究央行如何制定貨幣政策以及其影響將是投資人非常重要的課題。

圖 4.1 貨幣乘數與乘數效果

$$m=\frac{\Delta M_S}{\Delta M_B}=\frac{C+D}{C+R}$$

LM$_1$ IS$_2$ IS$_1$ E LM$_2$ r r$_0$ r$_2$ r$_1$ E$_1$ E E$_2$ （平坦） （徒峭） O y$_0$ y$_2$ y$_1$ y$_3$ y

在 LM 曲線形狀基本不變時，IS 曲線愈平坦，貨幣政策效果就愈大；反之，IS 曲線愈陡峭，LM 曲線移動的影響就愈小

$$m=\frac{k+1}{r_d+r_t\cdot t+e+k}$$

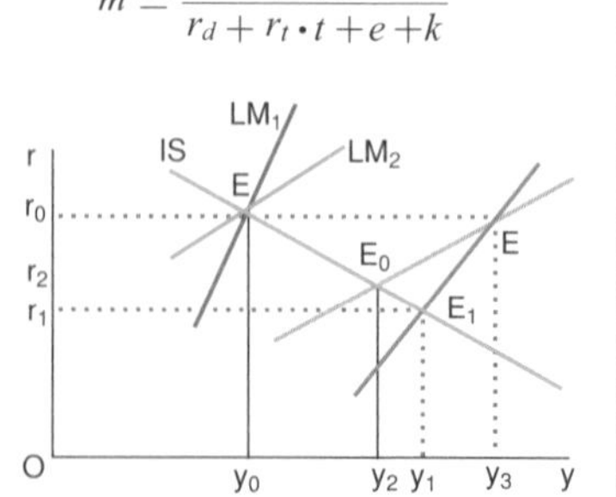

IS 曲線斜率不變時，LM 曲線愈平坦，貨幣政策效果就愈小；反之，貨幣政策效果就愈大

資料來源：MBA 智庫百科（2012）。檢索自 http://wiki.mbalib.com/

貨幣乘數是指以央行發行的基礎貨幣總量（即準備貨幣），通過大眾於商業銀行進行存款以及貸款的行為活動，創造出**數倍於準備貨幣**的貨幣供給，其所產生的倍數稱為貨幣乘數。

假設央行設定存款準備率 10%，甲客戶將 100 元現金存入 A 銀行，A 銀行收到這 100 元現金後，保留 10% 的存款準備率，將其餘的 90 元借貸於乙客戶，乙客戶取得 90 元貸款後存入 B 銀行，B 銀行在保留 10% 的準備金後，再將 81 元借貸出去。最高可以創造出 10 倍的貨幣，這 10 倍就是貨幣乘數的效果（在學理上貨幣乘數是存款準備率的倒數）。

貨幣乘數的意思就是一塊錢能夠循環支付商品與服務的次數。當景氣熱絡，人民以及企業借貸意願強，就可以創造出較

圖 4.2 信貸市場 vs. 經濟成長

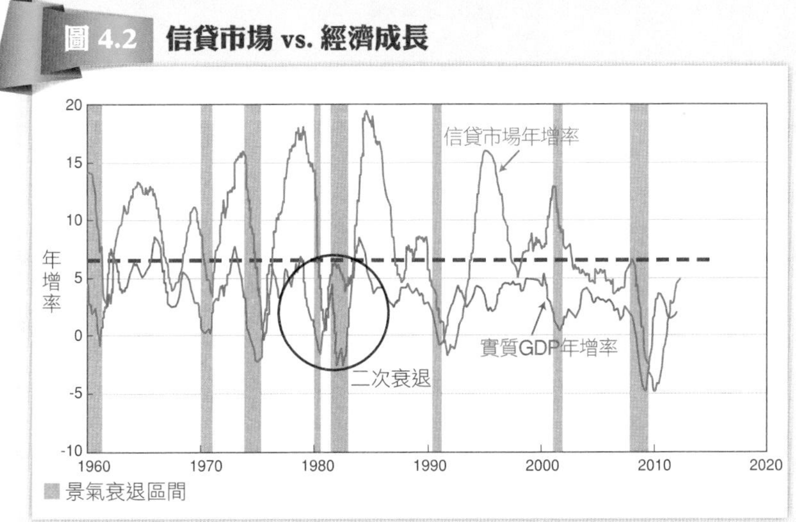

註：美國經濟衰退期間其信貸市場皆出現收縮，而經濟增長的期間，信貸市場則是快速的走高。

資料來源：FRED (2012). http://research.stlouisfed.org/（聖路易聯邦準備銀行）

高的貨幣乘數（但低於學理上的最高值即存款準備率的倒數），央行則可以利用調升或調降存款準備率來影響貨幣供給。

歐文·費雪——貨幣如何展現購買力

20 世紀初，美國的經濟學家歐文·費雪在其著作《貨幣的購買力》（*The Purchasing Power of Money*）中，提出了著名的費雪方程式：

$$MV=PQ$$

其中，M ＝貨幣數量；V ＝貨幣流通速度；P ＝物價水準；Q ＝商品的總量。當 V、Q 保持不變時，則貨幣數量 M 將決定商品價格水準 P，也就是物價的變化。

歐文·費雪（Irving Fisher, 1867-1947），1867 年 2 月 27 日生於紐約州的索格蒂斯，數學、經濟計量學的先驅，為美國第一位數理經濟學家。費雪認為，貨幣流通的速度 V 變化緩慢可視為一個常數，商品的總量 Q 變化也不大，而物價水準 P 的變化取決於貨幣的數量 M；因此，貨幣數量的增加將導致商品價格上漲，也就是貨幣購買力的貶值。

依費雪的方程式可知，影響物價最重要的就是貨幣的供給，而影響貨幣供給的兩個變數則是：(1) 央行所控制的貨幣供應規模；(2) 因為經濟的需求而藉由銀行去強化貨幣的流通速度所產生的貨幣乘數。

假設一個經濟體每年只能產出 100 輛汽車（Q），而每輛汽

車造價 10 萬元（P），此時因為對外貿易的增加，使得投資及消費需求增加，銀行的貸款開始活絡、貨幣流通的速度增加。不管消費者與企業是為了實用或者只是單純炫耀，致使汽車的需求量增加，讓買進汽車的需求增加了，由於產量只固定在 100 輛，也就造成汽車價格的上漲。

另外，在上面的例子中，如果貨幣數量只有 100 萬元（M），則貨幣乘數算式如下：

V ＝（100 輛 Q×10 萬元 P）÷100 萬元 M ＝ 10

當汽車的價格大幅上升，讓央行警覺會影響經濟的發展時，央行有可能會決定提高存款準備金來調整貨幣數量（因貨幣乘數最多為存款準備率的倒數），此時雖然市場上依然有購買汽車的需求，但銀行卻沒有多的資金可以提供借貸，進而影響借貸者的購買能力，此時汽車的需求便會下降，價格也就跟著下滑。

由以上的算式我們可以發現，當貨幣數量增加成 200 萬元時，如果產量以及價格皆沒有改變的話，則貨幣乘數將從 10 降為 5，這正是目前國際經濟的變化，貨幣寬鬆的政策雖然創造出鉅量的貨幣，但卻在投資以及消費需求疲軟下，導致貨幣乘數下降。

P ＝（100 萬元 M×10V）÷100 輛 Q ＝ 10 萬元

從上面的算式可以知道，在貨幣乘數 V 不變下，如果要讓價格下降，除了民間增加汽車的生產量以外，就是政府要調降貨幣數量，也就是採用緊縮的財政政策。

惡性通膨還沒出現，為什麼?!

根據上面所解說的，到底美國玩的 QE 堤壩後的洪水量多寡如何，這在本單元的後文會陸續跟讀者淺談一番。如果依照費雪方程式，金融海嘯後美國聯準會在全球市場釋放大量的資金，按理應該造成劇烈的通貨膨脹才是，然而結果為何並未如市場預期的出現通膨呢？

首先，貨幣乘數出現大幅下降，如**圖** 4.3 所示，金融海嘯之前貨幣乘數還有 1.6 以上，但是之後卻快速的下降，並一度跌破 0.8，目前雖有小幅度上揚，但還是遠低於海嘯之前的水準。重點是下降的不只美國，就連歐元區與英鎊區也都在同一時間出現這一現象，這是全球同時去槓桿的結果，同時也是為何在全球大寬鬆之下，惡性通膨尚未出現的原因。

另外一個就是金融機構將錢回存至銀行，銀行的超額準備金在金融風暴後快速的增加，雖然自高峰後有所滑落，但目前依然有 1.5 兆美元的水準，會導致此原因自然跟市場消費及投資意願不足有關，銀行也缺乏放貸的意願，寧願將資金存回聯準會收取 0.25% 的超低利率。

2008 年以前，美商業銀行存放在美聯儲的法定金及超額準備金並不會獲得利息，故過往幾乎沒有商業銀行存放超額的準備金這檔事，一直到 2008 年 10 月，國會授權美聯儲對這兩種準備金給予支付利息，以回收過剩的流動性，因此有人建議美聯儲應停止支付利息讓資金回流銀行（**參見圖** 4.4）。諷刺的是，2008 年提出支付存款準備金利息回收資金的人正是聯準會主席柏南克。不過，造成目前貨幣乘數下降，以及超額準備金大

圖 4.3 惡性通膨何以尚未出現？

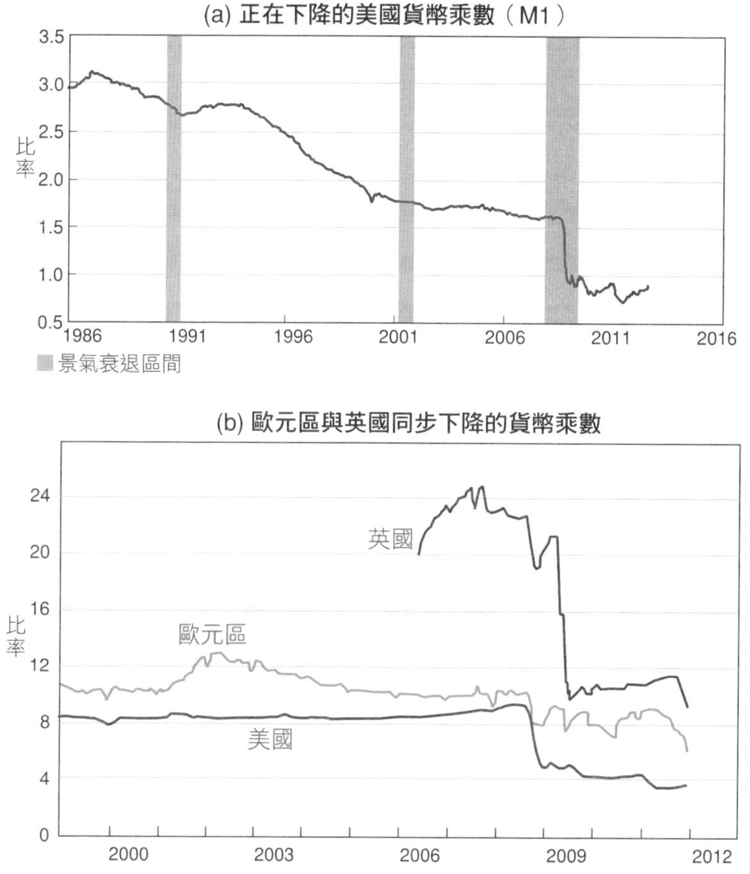

(a) 正在下降的美國貨幣乘數（M1）

(b) 歐元區與英國同步下降的貨幣乘數

註：1. 費雪認為，貨幣乘數是一個常數，但實際上貨幣乘數未必會維持不變，從美國的經驗可知貨幣乘數長期往下的趨勢，尤其是在金融海嘯之後，其貨幣乘數更是快速的下滑。

2. 貨幣乘數下降的不只是美國，同樣執行量化寬鬆政策的英國，其貨幣乘數下降的幅度更勝於美國。

資料來源：(a)FRED (2012). http://research.stlouisfed.org/（聖路易聯邦準備銀行）；(b) 澳洲央行，湯姆森路透社，http://www.rba.gov.au/speeches/2012/sp-ag-140212.html

幅提升的主因，還是因為市場對於經濟依然存在著高度不確定性，產生消費及投資需求的不足。換句話說，市場上缺的不是貨幣而是消費，聯準會的寬鬆貨幣政策對於經濟實體面的影響仍低，而此部分未必會因為資金的回流而改善。

由於美國跟歐洲同時進行去槓桿化，如果依照過往亞洲的經驗，整個去槓桿化的過程惟恐也只會進行一半。去槓桿化目的是降低金融槓桿的操作運用，除了不再新增債務，並將原本的債務降低。當然，降低槓桿倍數將意味著企業的資本支出會降低，因此金融海嘯之後，美國股市表現雖然相對強於已開發國家，不過企業手上保有的現金依然創下 1950 年以來的新高；春耕夏耘秋收冬藏四時的變化，是企業面對景氣變化的策略，

圖 4.4 美國維持 1.5 兆美元水準的超額準備金

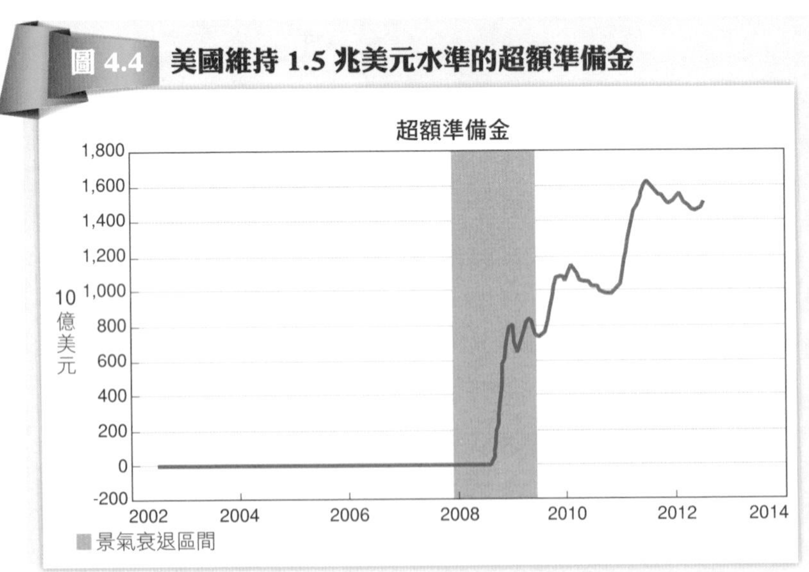

資料來源：Board of Governors of the Federal Reserve System (2012). http://research.stlouisfed.org/（聖路易聯邦準備銀行）

從 2008 至 2012 年這近 4 年的時間，企業依然選擇儲糧（現金）策略，顯然企業認為「目前景氣還在漫漫的冬天，而冬天的盡頭還沒有看到」，去槓桿化的結果就是需求下降，而經濟就算增長也會相對緩慢。

事實是，有不少中國經濟學家認為適度的貨幣寬鬆是必要的：「長期看，貨幣政策應堅持『適度寬鬆』，以避免陷入『過度寬鬆而不自覺』的情境中。為因應對短期的巨大衝擊，可以採取極為寬鬆的貨幣政策，但持續時間不宜過長……」他們認為，採取適度寬鬆的貨幣政策可以促進經濟增長而不致引起惡性的通貨膨脹。然而，這樣的貨幣政策到底有效無效，下文會為讀者細說。

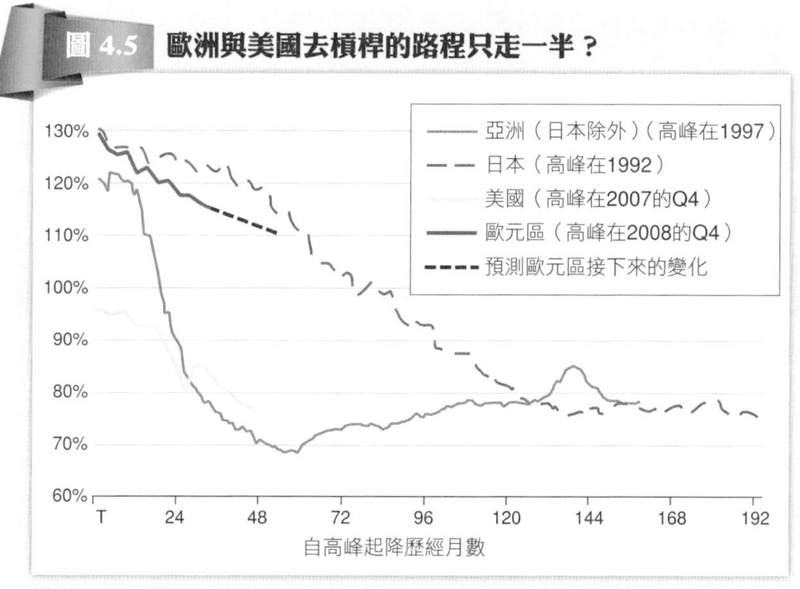

資料來源：摩根史丹利（2012）。http://m.wallstreetcn.com/node/9305

4.2 全球債淹腳目——美國帶頭，全球大玩印鈔

金融海嘯之後，柏南克連續推出兩次 QE（貨幣寬鬆）以及 OT（扭轉操作）的貨幣政策。在全球經濟不穩定的局勢下，金融市場往往從柏南克話語中的一字一句去尋找 QE 是否會再度出現的痕跡。2012 年 6 月，柏南克於聯合經濟委員會上表示：**「貨幣政策終非靈丹妙藥。還需要廣泛的政策努力，以因應各種不同的事件，並期望國會能夠在財政政策上採取行動。」**當時他擔憂的是 2013 年初美國減稅政策到期，和政府刪減支出的計畫一旦啟動，財政緊縮的政策將會形成美國的「財政懸崖」，兩者同時實施至少會造成美國 GDP 減少達 4% 以上，對美國經濟復甦會有不利的影響。終於市場上期待的 QE3 出現了，隨後也引發了各貨幣大戶玩起了印鈔遊戲，**以債易債，全球債淹腳目。**

財經小常識　貨幣政策無效論

「貨幣政策無效」論是由凱因斯於 1930 年代提出，當時正逢經濟大恐慌。凱因斯學派（Keynesean School，又稱新經濟學派）認為，當經濟陷入衰退時政府會調降利率，理論上當利率下降時，由於資金成本的降低，使民間消費與企業投資的意願相對提高，使得經濟表現得以恢復增長。不過，當發生利率下降、貨幣供給增加，

人們寧願持有現金，導致民間消費低迷與投資不振，而無法使經濟恢復增長時，將陷入「流動性陷阱」（**參見圖** A）及「投資性陷阱」（**參見圖** B）之中，此時貨幣政策無效但財政政策有效，也就是利用政府的財政政策來補足民間需求減少的那一塊。我們以 GDP 的公式來看，就是以政府支出作為維持 GDP 甚至促進增長的手段：

GDP ＝消費＋投資＋政府支出＋（出口－進口）

會陷入貨幣政策無效的情境是，除了當下經濟陷入嚴重的蕭條之外，民眾對於未來的預期也保持悲觀的態度，由於對未來的信心不足，使得消費與投資大幅度減少，需求產生嚴重的不足，也因此

圖 A　流動性陷阱——當出現流動性陷阱時，貨幣政策無效

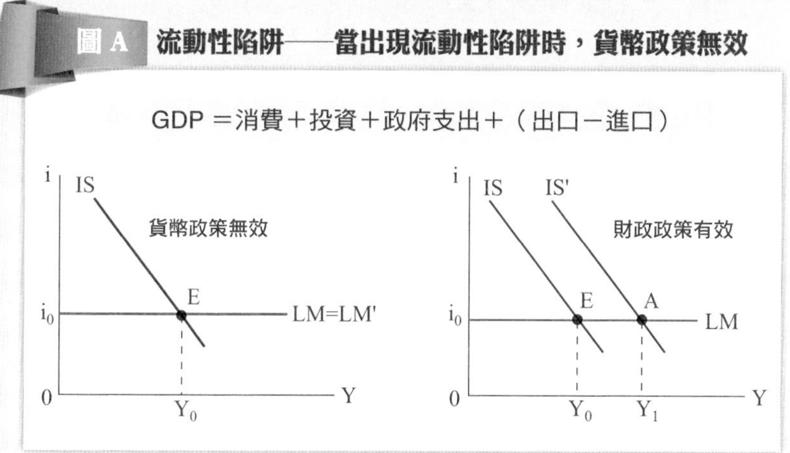

說明：「流動性陷阱」（liquidity trap），係指當利率降至某一很低的水準時，「貨幣需求的利率彈性」為無窮大，在此情況下，中央銀行不論增加多少貨幣供給，都會被社會大眾的貨幣需求所吸收，利率卻不再下降。當經濟體處於「流動性陷阱」時，貨幣需求曲線為一條水平線，處在流動性陷阱區域的 LM 曲線亦為水平狀態。此時，財政政策有效，貨幣政策完全無效。

圖 B　投資性陷阱——投資陷阱的出現，讓貨幣政策無效

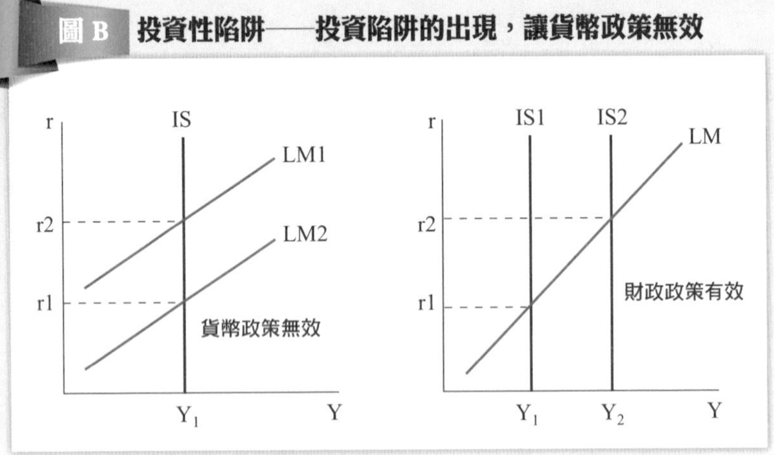

說明：「投資性陷阱」係指在景氣很低迷時，投資者對未來極為悲觀，投資意願極為低落之際，即使利率下降，投資支出也不會增加。換言之，投資支出不受利率變動影響，即投資的利率彈性為 0，此種情況下，投資需求曲線為一垂直線，IS 曲線也是一條垂直線。此時，財政政策有效，貨幣政策無效。

即使利率下調到最低點也無法刺激經濟，造成貨幣需求利率彈性趨向無限大。

更白話一點的說，如果消費者預期未來可能會失業，或者轉業待職時間會拉長，必將限制消費支出的意願，就算利率下調也會擔心未來無法償還而不願意去借貸。企業也會擔心總體需求下降，害怕現在的投資可能產生未來無法回收的結果，因此即使利率已經下降也不願意進行投資。消費者與企業只好先保有現金來度過寒冬。政府能做的就是「送錢」給人民跟企業，如擴大政府支出，增加採購與基礎建設，創造就業；進行減稅讓企業以及人民口袋裡的錢增加；更直接一點的就是台灣在 2009 年發放的 3,600 元消費券。

緊接著日本首相安倍晉三（Shinzo Abe）因不願意看著日本經濟「慢性死亡」，將賭注押在定量寬鬆政策上。換句話說，美金、歐元、日圓、人民幣等都在放鬆貨幣政策，**這種「競爭性的貨幣貶值」究竟會帶來什麼樣的經濟前景**尚未可知，以下為讀者談談所謂的「量化寬鬆」（Quantitative Easing，簡稱 QE）的貨幣政策。

史上第一次的量化寬鬆——渡邊太太出現了！

觀察目前美國的金融情勢，因利率已趨近於零，傳統的貨幣政策根本無施力的空間，為了促進增長於是採用新的貨幣政策也就是量化寬鬆，而首次的量化寬鬆政策出現在日本。日本央行於 1999 年 2 月實施零利率政策，之後經濟形勢再形惡化，使得經濟面臨通貨緊縮需求不振的問題；2001 年 3 月，為了刺激經濟增長與走出通縮的泥沼，日央行決定在零利率的基礎之上，進一步推出擴張性貨幣政策，時間持續到 2006 年 3 月。也就是日本央行擴大了基礎貨幣，增加市場流動性，注入銀行資金。

寬鬆貨幣政策是否對日本經濟真的起了助益？

日本股市一直到 2003 年 4 月見了 7,603 點的底；2006 年，結束量化寬鬆時日本股市漲了將近 10,000 點；2006 年 4 月，指數來到 17,400 點左右，可說是相當難得的高點，同時日本的失業率從 2002 年的 5.4%，下降到 2006 年的 4.1%；2005 年時，三大都會區的商業用地價格首次出現上漲，且消費者物價指數上升 0.1%，這還是 1997 年以後物價指數的首次上升。

雖然從經濟數據的表現來看，日本貨幣寬鬆的政策似乎有了成效，除了經濟出現增長以外，通縮也獲得改善，不過同期間全球經濟也正在蓬勃的發展，因此把效應直接認定為量化寬鬆的結果還是過於武斷了。

日本銀行在 2001 年時的不良貸款比率高達 8.4%，貨幣寬鬆初期，日本銀行還在進行呆帳的打消，並沒有積極的進行借貸，一直到 2005 年銀行的貸款額才恢復正增長。日本央行此舉唯一可以肯定的是，讓資產價格下降幅度減輕，並穩定金融局勢，讓會導致金融危機進一步擴大的「銀行倒閉與擠兌情形」不至於發生。

有趣的是，日本零利率及貨幣寬鬆政策的實施，意外造就了另外一個效果，就是**「渡邊太太」的出現**——藉由買進國外高息貨幣來獲取較高的利息收入，投資機構也興起日圓的套利交易，使得經濟危機發生時日圓卻反向升值。

二美一點也不美——壓垮美經的稻草

2000 年時，經濟學諾貝爾獎得主克魯曼（Paul Krugman）將流動性陷阱進一步發展，當經濟的總體需求發生連續性下滑，此時的名義利率下降到零、或者是接近零的水準，而經濟體的總體需求仍然小於生產產出的能力時，就可以定義為**陷入了「流動性陷阱」**。

克魯曼的這個定義被稱為「廣義的流動性陷阱」。克魯曼認為，要避免陷入流動性通膨最好的方式，是政府藉由人為的方式製造通膨的預期，因此在這次金融海嘯之後，克魯曼多次呼籲美國政府提高財政支出，並且認為聯準會應該要提高通膨目標。依克魯曼的論點，如果政府能夠容忍較高的通膨，將能較快的降低失業率，並且恢復民間消費與投資意願。

2004 年，擔任美聯儲理事的柏南克認為，如果央行改變資產負債表的規模與結構，並降低長期利率，就算將利率降到零，貨幣政策依然會有效，並避免陷入流動性風險。2003 年時，柏南克也曾建議日本央行從控制通膨政策改成維持物價水準，兩者的差異在於假設基準為 100，一個將通膨的目標維持 3% 的水準以下，另一個將物價水準維持每年增長 3%，之後第一年物價為 101，而第二年物價為 105。上述如以通膨為目標，則會因為第二年通膨為 3.8%，而必須採取緊縮的政策；但以控制物價水準而言，因為第二年物價水準 105 低於 106.09（100×1.03×1.03），而暫且不需緊縮。

2008 年 11 月 24 日，美聯儲宣布購買房地美、房利美，以及聯邦住宅貸款銀行的債券與擔保的資產，開啟了第一次的 QE。2008 年，美國通膨為 0.1%，同年 12 月失業率達 7.2%。美國聯邦基準利率於 2008 年 12 月降到 0.25%，第一次量化寬鬆結束在 2010 年 3 月，購買了 1.25 萬億美元的抵押貸款證券（MBS）、3,000 億美元美國國債，和 2,000 億美元的機構債。QE1 的總規模達到 1.75 萬億美元，美聯儲的資產負債表也從原本的 9,000 億美元左右，上升至 2.3 萬億美元的水準。

2010 年 10 月由於美國失業率為 9.6%，消費者物價指數只

有 1.2%，柏南克發出美國失業率太高而通膨太低的預警。美聯儲認為，美國合理的失業率在 5% 至 5.25%，合理的通膨目標則為 2%。2010 年 11 月聯準會展開第二輪的 QE，為期 8 個月，並買進 6,000 億美元的美國公債。

2011 年 6 月，QE2 結束，聯準會採用另一個操作策略——扭轉操作（OT）。**扭轉操作是採用賣出短債並以其資金買進長債的操作策略**。這種方式下，美聯儲的資產負債表不會擴增，為一種質的改變而非量的改變，也就是將美聯儲所持有的國債，轉為較長期，跟 QE 買進美國長債的目的相同，皆是為了壓低長債的利率，以活絡民間消費與企業借貸。

2012 年 1 月美聯儲公開透明化其目標，設定通膨目標 2% 及利率目標，除了宣布將基準利率維持在 0% 至 0.25%，並且預告市場低利率將維持到 2014 年。聯準會主席柏南克認為，利率非其所能決定，目標的設定是為了讓投資人有信心，如果景氣持續維持低迷的狀況，民間企業以及消費者可以確保有長期較低的利率可以進行消費或投資，如果景氣回溫失業率下降、通膨上升，雖然會造成利率的上升，但資產價格也會上升，企業以及投資人還是可以因此受益。所以，美聯儲的利率目標設定，是為了鼓勵企業與消費者在當下就進行投資及消費。

雖然流動性陷阱是否存在有著許多的爭論，但觀察美國相關的經濟數據，聯準會從 2007 年 9 月開始首次下調聯邦基準利率，一直到 2008 年 12 月，0.25% 的利率已經逼近於零，但美國失業率卻一直往上增加，至 2009 年 10 月還突破了兩位數，高達 10.2%；美國新屋銷售的數據在 2009 年之後多數時間皆維持在 40 萬棟以下，甚至一度跌破 30 萬棟，相較次貸風暴之前的 100 萬棟以上，有明顯的落差。美國 GDP 在 2009 年第三季才恢復增長；2009 年第四季民間消費年增 1.0%，美國的聯邦基準利率雖然持續下調，但即使已經下調接近於零，美國的消費與投資並沒有立即恢復增長，但至少可以認為符合克魯曼認定的廣義流動性陷阱。

聯準會的動作符合 2004 年柏南克所認為的只要在零利率的基礎上進行，對資產負債表的項目以及規模進行操作，讓聯準會從最後放款人搖身一變成為最後投資人，並且藉由量化寬鬆與扭轉操作來壓低長期利率，並宣布短期利率維持至 2014 年，讓市場有消費與投資的信心。柏南克唯一沒有做的就是 2003 年時，建議日本央行從控制通膨的目標，轉為控制物價水準，當然這個動作的政治代價或許過高，但總結來說，柏南克認為，為避免陷入流動性風險只要做到下列三點就可以：(1) 改變央行的資產負債表；(2) 壓低長期利率；(3) 增加市場信心。這三點就是目前聯準會在做的事，尤其著力在增加投資人信心上。

QE2 結束後，柏南克往往在聯準會會議後的記者會上，發表「口水 QE」的言論，加深市場預期「通膨」的心理，以維持現階段的消費購買力，讓當下消費與投資的意願不至於減弱。

以債易債，轉對了嗎？

量化寬鬆到底是否有效？美國是否就此脫離流動性陷阱？我們可以從 S&P 500 指數的變化作觀察（**參見圖** 4.6）。QE1 實施之後，指數從 2008 年 11 月至 2009 年 3 月下跌至底 666 點，到了 2010 年 3 月底止，指數收在 1,169 點，跟日本一樣，在實施初期，銀行跟民間尚在進行去槓桿化，因此指數還有繼續下跌的空間。指數一直到 4 月 26 日才見高點 1,219 點，之後在約 2 個月的時間跌到 7 月最低點 1,010 點，（其中 5 月 6 日還發生一個插曲，疑似錯帳導致程式交易被觸動，當日 S&P 500 一度大跌百點）。也由於市場信心不足，柏南克於 2010 年 8 月份的傑克森洞（Jackson Hole）全球央行聚會後，暗示了 QE2 實施的可能性。2010 年 11 月，美國進行 QE2 貨幣政策，直至 2011 年 6 月結束時，S&P 500 指數方才收在 1,320 點，接著又實施了為期 1 年的扭轉操作，2012 年底時，S&P 500 指數收在 1,362 點（其間最高來到 1,422 點）。

圖 4.6　QE vs. S&P 500 指數

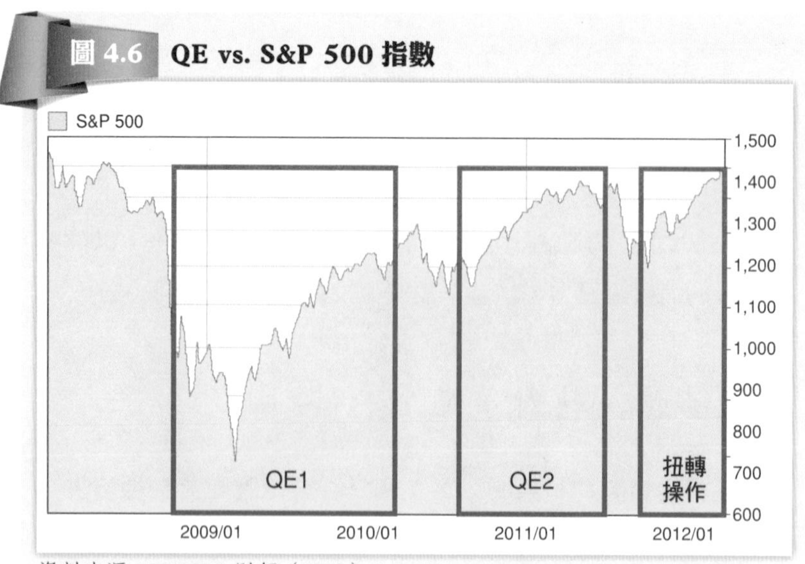

資料來源：YAHOO 財經（2012）。http://finance.yahoo.com/

失業率與 QE

股市是經濟的櫥窗。先從美股的觀察可以發現，美聯儲的貨幣政策對於股市的影響持續減弱，當然單以股市作為觀察是不足的，因此可加上失業率的觀察。失業率從 2009 年 10 月突破 10% 之後就呈現穩定的下滑趨勢，至 2012 年 4 月低到 8.1% 之後，就產生了停滯現象，甚至開始微幅上升。當然，失業率會因統計方式而有所差距；如 2010 年初非農就業人口總數見底開始回升，跟金融海嘯之前是有一段差距的；又如觀察每個月的非農新增就業人口時，2010 年初美國因為進行了 10 年一次的第 23 次人口普查，新增了 635,000 的臨時僱員，造成非農就業新增人數於短期內飆高，使每個月非農就業人口一直到 2010 年 10 月才開始穩定為正數，同時也因為美國人口自然增長的原因，每個月新增人口數需平均達 20 萬人以上，才使得美國經濟表現熱絡（**參見圖** 4.7）。因此，2008 年 11 月開啟的量化寬鬆政策，也就使得整個就業市場一直到 2010 年才開始回穩。

房地產與 QE

從房地產價格的變化來看，房價指數 2009 年 6 月開始，雖然一度開始上揚，卻在 2012 年初再度破底後，又再出現上揚的趨勢。房價目前只回到 2004 年春季的水準；由整個房價指數的變化可知，2009 年之後，房價依然在低檔區域進行整理，直到 2012 年再度破底後才快速翻揚（**參見圖** 4.8）。

量化寬鬆的政策並無法讓房價指數立即止穩；而且，2009 年房價能夠稍微恢復穩定，美國聯邦政府可說是出了很多力。

圖 4.7 非農就業人口與 QE 的關係指數

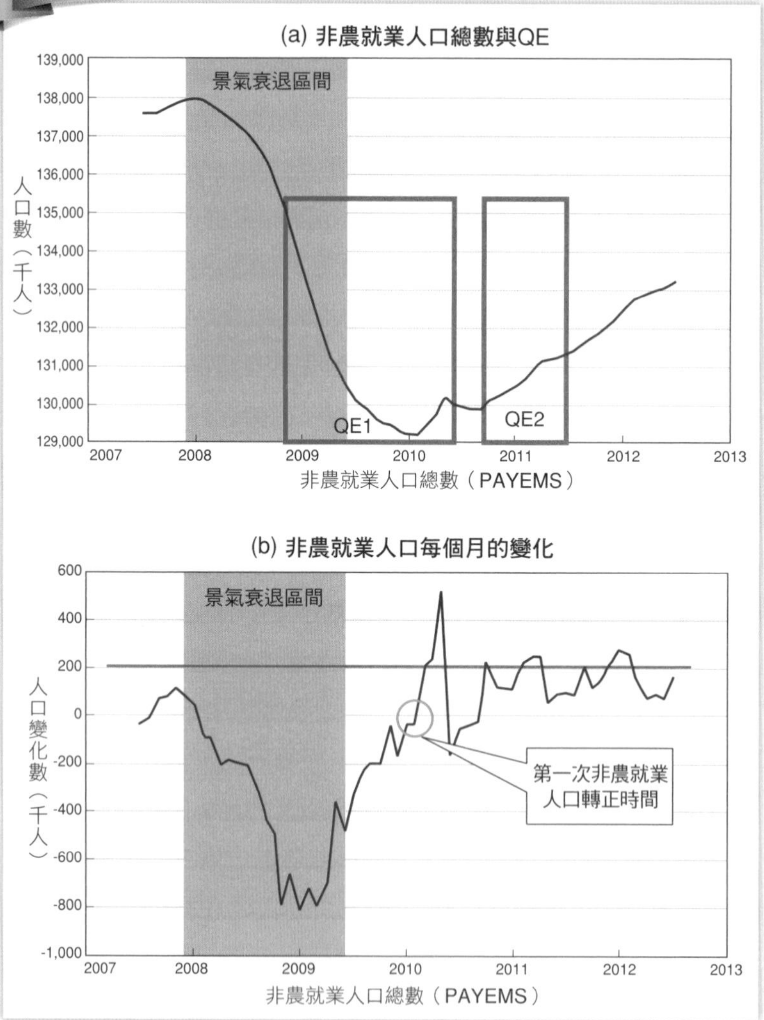

資料來源：FRED (2012). U.S. Department of Labor: Bureau of Labor Statistics.

圖 4.8　20 個主要城市房地產價格與 QE 的關係指數

資料來源：FRED (2012). Standard and Poor's.

除了 2008 年 8 月財政部接管兩房後，於當年 11 月暫停法拍，尚有 2009 年 2 月，歐巴馬政府宣布 750 億美元的計畫，降低貸款人的月付款，使得溺水房不會大量出現在市面上打壓價格。在穩定資產價格之後，美國民眾與企業才不會因資產負債表中的資產大幅萎縮，進而減少消費與投資。實際上，由於房地產價格平均下跌至少 30%，因此這整個財務金融去槓桿的時間拉得相當的長，而房地產價格的回升能夠降低去槓桿的壓力。2012 年 9 月份推出 QE3 每個月買回 400 億美元的 MBS（住房抵押貸款），將 30 年期的房貸利率壓低至 3.5% 以下；同年 12 月再提出每個月購買 450 億美元，將 30 年期房貸利率維持在

3.5% 上下。聯準會 QE3 的目的直指住房抵押貸款，就是為了加速房地產的復甦，不但可以使民眾去槓桿的壓力減輕，也可以提升就業一舉兩得。直到 2013 年 5 月柏南克提出 QE 退場的想法，導致 10 年其公債殖利率的上揚，並且讓房貸利率快速上升至 4.5%。不過還是在相對低的區域，因此暫時對於美國房地產的回升影響尚低，然而，還是需要留意量化鬆的縮減與退場將房貸利率推升的速度與幅度，房貸利率快速的上升將會對房地產造成不小的衝擊。

消費者信心指數與 QE

觀察消費者信心指數以及消費信貸與證券化市場，消費者信心指數於 2009 年 3 月觸底（**參見圖** 4.9b），但至目前 2012 年 7 月，依然跟景氣衰退之前有很大的差距，消費信貸與證券化市場於 2010 年第三季觸底（**參見圖** 4.9a），這個部分是扣除房地產貸款以外的消費性貸款，包含家庭消費、汽車貸款、學貸等等。

要留意的是，很可能是因為就業市場增加不如預期，導致消費者由薪資的現金支出轉為信貸支出；另外，消費者信貸的增長主要來自於非循環貸款，這部分主要來自於學貸與購車。重要的是，2010 年學生貸款的金額超過了信用卡（消費性貸款），2011 年則是首次超過汽車貸款；除了持續的高失業率引發繼續升學的需求外，州、地方政府因財政負擔而降低對學校的補助，讓學費上揚也是重要的原因。根據估計，在美國背負學貸的學生恐怕至少需要 10 年的時間來償還，所以信貸市場

圖 4.9 消費者信心與 QE 的關係指數

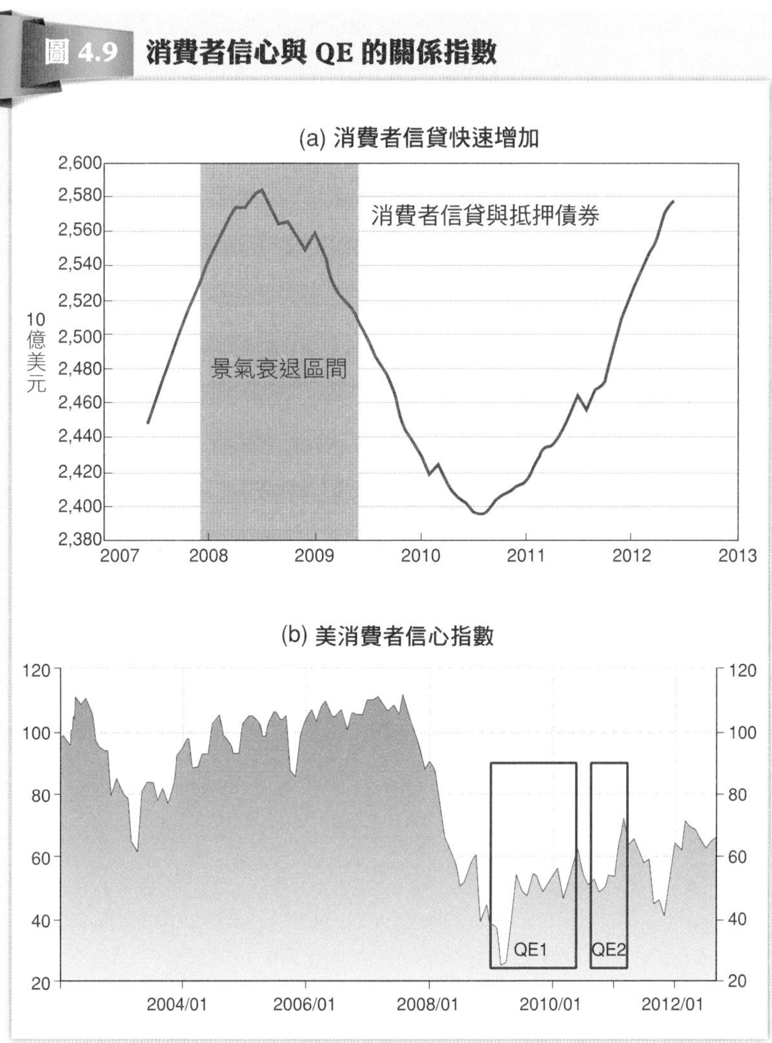

資料來源：(a) FRED (2012). Board of Governors of the Federal Reserve System.
(b) TRADINGECONOMICS.COM (2012). http://www.tradingeconomics.com/united-states/consumer-confidence

看似強勁的往上增加，實際上卻非來自於對經濟增長所帶來的消費需求，所以成交金額較大的房地產市場的表現仍然還在谷底附近；同時，消費者信心指數與金融海嘯之前的數值也有很大的落差。所以，**消費者信貸增加並非由消費者信心回升所帶領，而是因為不得不借貸所引起**。

從以上的觀察可以發現，股市領先反映整個資金行情，實體經濟面的就業表現以及房地產的價格表現卻相對落後，使得消費者信心表現停滯；但只要某一個資產上漲就可以幫忙修補市場的資產負債表，並能帶動市場消費與投資信心，而這些對聯準會來說就已經足夠。雖然這就像是在一個泡沫破滅之後，去吹起另外一個泡沫（如網路泡沫之後接著房地產泡沫）。不過，因為房地產的回升對美國就業幫助較大，且減少溺水屋有助於降低銀行呆帳與提振消費信心，況且美國人民的資產主要是股票與房地產而非存款儲蓄，在帳面資產增加時往往會給民眾較大的信心，目前美國聯準會的相關政策還是將重點放在支持房地產的價格與活動上。

量化寬鬆真是萬靈丹？

總結來看，貨幣政策不管是傳統的（調控利率）、或者新的（量化寬鬆），要傳導到實體經濟面上是需要時間的；至於量化寬鬆的政策是否有效？我們可以分兩點來討論。首先，沒有量化寬鬆，美國很難使其金融市場保持穩定，致使價格與就業情況的破壞更加嚴重，如此一來，美國很可能會陷入 1929 年的大蕭條；其次，實施量化寬鬆後，美國一直到 2012 年為止，經濟表現相較其他已開發國家相對穩定。

從以上兩點來看，量化寬鬆確實是起了很大的作用，但初期能夠發揮穩定經濟成效也是因為有財政政策的相互搭配，這也是 2012 年底柏南克對於美國財政增稅與緊縮的措施，感到擔憂的原因，如果美國經濟再無法步入由民間帶動經濟與就業穩定增加的正軌之下，少了一個推動經濟的力量，「財政支出」單靠量化寬鬆的政策恐怕力有未逮。另外，量化寬鬆並無法幫助債務人還清債務，也未必能夠讓資金流入實體經濟面；而且，維持了資產價格也就降低了財富重分配的效果，更重要的是，**量化寬鬆有潛在的風險：**

圖 4.10 QE 與原物料行情走勢圖

資料來源：鉅亨網（2012）。檢索自 http://chart2.cnyes.com/testFULL.html?markettype=forex!code=CRBCON!compare=false!

1. 如何退場，怎麼退？QE 如同央行直接購買資產，等同扮演了投資銀行的角色，並由央行擔當起經濟風險；但是投資並非央行的本職，未來央行如何把手上的資產賣出的同時，能降低對市場的影響將是一大關鍵。
2. 通膨風險：由於美國就業市場復甦緩慢，再加上歐洲的債務問題，讓物價指數暫時受到控制，但低利率使得實質利率為負，加上量化寬鬆放出大量資金，讓經濟潛藏未來不可控的通膨因子。
3. 退休風險（**詳見第 2 章**）：目前的低利率讓美國的財政負擔得以舒緩，美國財政部趁機發行較長期的國債，藉由較低的利率鎖定長期的融資成本；然而，美國的退休基金擁有大量的美國國債，勢必造成美國退休基金收益的大幅減少。
4. 資產評價風險：美國 10 年期公債是作為無風險資產定價的重要標的（如公司債、垃圾債），長期過低的 10 年期公債殖利率，就代表以 10 年期公債為訂價標準資產，其評價都會有高估的疑慮，當 10 年期公債殖利率走高時，必將導致其他資產價格的下跌，得評估是否會引發骨牌效應並危及金融體系的不確定因素。

4.3 物價東西軍——選錯了，咱們餓肚子吧！

《料理東西軍》是曾經紅極一時的日本美食節目，由關口宏及三宅裕司兩位主持人共同主持，分別帶領2位名廚師以及兩道不同的菜色進行比賽，並運用來自日本各地新鮮食材，由7名來賓選擇想要食用的料理，賽事是只有贏的一方能夠享用，輸的人卻只能在一旁觀看贏家享用美食。對於央行來說，把物價維持在零成長對於央行來說幾乎是不可能的任務，因此央行的物價政策，只能就通縮以及通膨兩道不同的菜色中選取其一：**選錯的代價就是準備讓多數的人民餓肚子**。

通膨通縮大不同

通膨跟通縮的環境大不同，兩者對於民間消費跟企業投資也有很大的影響；且絕大多數的人都認為，適度的通膨有助經濟的穩定增長。

在通縮的環境下，市場上會預期未來會有更低的價格出現，延遲消費與投資；當然，通縮的環境有利於債權人，因此市場會缺乏借貸的意願，造成生產與消費螺旋下降，此時央行如果持續下降利率，將仍無法刺激經濟，而陷入流動性陷阱。通膨的環境則相反。

在通膨的環境下，債務在未來會變得相對較小，因此有利債務人舉債，即使債務人不再增加舉債，也會因為資產價格的上揚而自動去槓桿；對於企業來說，通膨的環境下由於消費的需求較強，對於商品較有定價的能力，因此能夠提高商品售價。大部分的時候，薪資調整幅度會低於通膨，此時企業有能力去雇用較多的員工。當然，對於員工來說，調薪幅度低於通膨表示實質薪資是縮水的，雖然帳面上的薪資或有小幅增加，而使員工傾向無感。這對於政府來說，失業率的下降至少讓大部分的人可以溫飽，相對減少較多的社會問題，也因此部分經濟學家認為，在高失業率下，政府應該要容忍較高的通貨膨脹率，近代最具代表性的支持人物為克魯曼（Paul Krugman）—— 2008 年諾貝爾經濟學獎得主。當然，高度的通膨也會造成人民的痛苦，各國央行也都關注於將通膨設在可控制的範圍之內，但高通膨與通縮相比起來，高通膨較易受到控制，因傳統的貨幣政策利率對於抑制高通膨是有效果的，但在通縮的環境下傳統的貨幣政策則會失效。

2002 年，柏南克由布希任命，進入美聯儲擔任理事一職，同年柏南克於美國全球經濟學家俱樂部中演講，演講的主題是：「確保通縮不會在這裡發生」。演講的內容跟柏南克擔任聯準會主席後的作為幾乎一致。因此，柏南克在面對經濟危機時的處理方式是有所本的，他在擔任研究生時就開始研究大蕭條，並因此在學術上獲得很大的成就。

我們花了些篇幅講解這些是因為美國的貨幣政策對於全球有非常大的影響，而柏南克目前的貨幣政策將影響未來 5 至 10 年的經濟與金融發展。如果他的政策被認為是相對較佳的貨幣政策，即使柏南克最終沒有獲得連任，很可能會成為非常長一段時間美國面臨經濟衰退時的操作準則，也很可能會被其他國家所複製採用，因此詳細瞭解其策略及其可能的影響是非常有必要的。為瞭解柏南克的想法，我們把當時演講的內容進行摘要，整理如下：

> 通縮是讓日本經濟陷入漫長痛苦，一個重要的負面因子。而我認為美國在可預見的未來發生嚴重通縮的機率是非常低的。(所謂可預見的未來應該不超過5年，因為之後美國經濟確實面臨通縮的危機）理由有兩點：一、美國經濟的彈性及靈活性較高，當面臨經濟衝擊時具有恢復活力、保持增長的能力。(網路泡沫之後，美國的低利政策刺激房地產泡沫，造成人力及資金的分配不當，除了相關從業人員轉職的困難以外，許多民眾買進過高的房地產，也造成日後消費不振，使得美國的經濟失去靈活性，這也是金融海嘯後美國至今依然在調整期內的主因)；二、美聯儲所扮演的角色。

以下為讀者分析說明通縮。

 通縮的定義

通縮代表著商品價格的普遍下跌，而非單一商品與服務的價格下降。通縮的緣由在於總需求急跌所產生的副作用，由於消費支出的嚴重下滑，造成生產者必須藉由連續的砍價以求賣出商品。一次性短期的通縮性衰退是經濟正常的調整，危害並不大，但嚴重的衰退則會導致名義利率下降至零，或者接近零。

 通縮的影響

通縮會導致借貸成本增加。嚴重通縮會使得借貸的真實成本變高，使原本的借貸者寧願持有現金，而不願投資或消費。美國在 1930 到 1933 年遭遇惡劣的通縮環境，當時的物價每年下降約 10%，使得即使是零利率的借款，其真實利率卻高達 10%。

通縮會導致傳統貨幣政策失靈。當利率已下降到零之後，傳統的貨幣政策將沒有任何可以往下調整的空間。

由於通縮所造成的影響非常的大，最好的方法是事先預防通縮的發生，預防通縮的風險有三種：

1. **維持一個通膨的緩衝區間**：當經濟正常發展時，央行不應該力圖將通膨壓縮至零，而是有一個明確的緩衝區間，如設定在 1% 至 3%。
2. **維護金融穩定**：當經濟面臨不景氣的危機時，央行可以藉由貼現窗口及其他保衛金融的政策工具，來穩定銀行及金融體系。
3. **提前降息**：當通膨開始降溫，且開始出現經濟惡化的徵兆時，央行應該要提早進行降息的手段。

如果已經採用以上三個措施，且央行已經將利率逼近於零，卻無法扭轉通縮時，央行依然能夠在一個法定貨幣的情況下，擴大名義支出與創造通膨。

對抗通縮最有效的方法就是貨幣貶值，柏南克舉一個例子，如果一個煉金術士發明一個方法，可以在基本上不付出過

多的成本下，無限制的製造出新的黃金，且被證實為有效時，不用等到煉金術士開始生產，黃金價值就會立刻產生大跌。而美元正是如此，在紙幣的制度下，政府可以製造出更多的支出去降低美元的價值，以創造隨之而來的通膨，讓通縮不至於降臨。

美聯儲在面臨通縮環境時可以採用的應對方式如下：

1. **擴大美聯儲的資產負債表**：此部分即為量化寬鬆，包含買進政府公債，以及兩房與銀行的可抵押債券。
2. **將國債中長期的利率降低**：方法有兩種可以單獨或者合併使用：(1) 承諾若干時間將隔夜拆款利率控制在零；(2) 明確宣布長期國債的收益上限，在收益之上美聯儲無限制的購買 2 年內到期的國債。（扭轉操作的目的就是為了壓低長期利率，以間接影響抵押證券及公司債殖利率）
3. **降低市場證券的收益率**：如果降低國債無法讓支出回升，則美聯儲可以選擇直接去降低市場的借貸利率，方法有二：(1) 可以藉由銀行的貼現窗口間接貸款給私人機構；(2) 央行以較低的利率貸款給銀行，銀行提出適當的擔保。後來歐洲央行採用的 LTRO 計畫（即長期再融資計畫）或許源於此。
4. **其他**：購買外國政府債券以及國內政府的政府公債。目前美國的量化寬鬆政策只買進過美國政府公債，以聯準會的政策來看，未來買進國外政府債券的機會也不高。

 匯率貶值

1933 至 1934 年羅斯福藉由買進黃金釋出美元，讓美元對黃金貶值 40%，迅速結束通縮。可以預期只要美國還有通縮的危險，柏南克將不會讓美元匯率輕易的升值，市場需要多少美元聯準會就會製造出多少，而美國財政部如果與美聯儲相互配合，則效果將會更明顯，財政部可以做的有三種：(1) 實施減稅措施：即使人民選擇不消費也可以幫忙去槓桿；(2) 擴大政府支出；(3) 直接購買房地產與金融資產等私人資產，財政部為執行此策略所發行的公債，則由美聯儲所認購。

柏南克或許沒有意料到，在 2006 年擔任聯準會主席之後，沒多久就面臨美國經濟衰退的問題，2008 年開啟的量化寬鬆與當年的演講也不過 6 年的光景。從以上的演講內容來看，柏南克認為美聯儲還有許多武器看似真的，如果還要持續的 QE 下去，聯準會可以選擇繼續擴大資產負債表，買進抵押證券、購買國外公債、類似歐洲長期再融資計畫（LTRO），而這些計畫都能幫助美元貶值，讓美國不會陷入通縮的狀況。當然，這些政策也並非百利無害，況且柏南克提出很多面對通縮的方法，但始終沒有提到過如何退出的策略，這是讓人較為擔心的。

2000 年網路泡沫後聯準會快速降息，2001 年 1 月開起降息之後，該年年底聯邦基準利率從 6.5% 下降到 1.75%，到 2003 年 6 月時，來到歷史低點 1%，使長期多頭的房地產再度攀升，至 2006 年時美國房地產價格開始下跌，柏南克認為房地產泡沫的原因不是聯準會低利率造成，好笑的是，聯準會為支撐房地產價格時所做的手法，就是去壓低房地產貸款利率。就以上的

發展演變可以知道，**低利率絕對是孕育泡沫的手段、也就是通膨的溫床**。雖然，2013 年美國的 CPI（消費者物價指數）尚低於聯準會目標區的 2%，然而泡沫最可怕的一點是，往往在破滅時才知道。

貨幣寬鬆，股市投資的良機?!

 量化寬鬆，首波是風險也是機會

美國貨幣政策帶來的是風險也是機會，**我們所能做的就是規避風險並找尋機會**。當面對景氣衰退時，央行首先動用的還是傳統的貨幣政策，也就是調降利率；當利率調降至零、或接近於零，卻仍無法阻止景氣的急速墜落時，央行才會動用「量化寬鬆」這項工具。從日本與美國的經驗可以發現，當首次執行量化寬鬆時，就如同首次降息一般，雖然政府與央行在經濟上注入了資金與需求，但市場的去槓桿化壓力卻更為強大，致初期實施時並無法有效阻止金融市場價格下跌，此時投資人還是需要等待市場落底的訊號出現，再行進場，否則有可能會在半年至一年之間，面臨套牢的壓力；然而筆者以為，初期的量化寬鬆政策的時間點必然是市場最恐慌的時候，市場容易極度的殺低，但量化寬鬆的政策最終依然會為股票市場帶來資金行情，因此資金能量夠的人可以利用 ETF（即指數股票型基金），針對指數作定期定額的投資，此時布局從長期來看還是在相對低檔的位置；但須注意的是，第二次的量化寬鬆政策對股市的

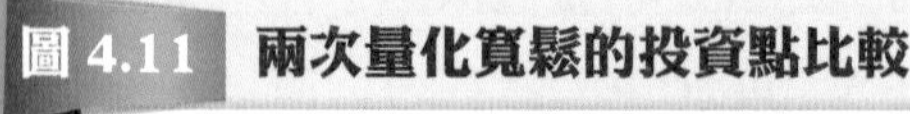
圖 4.11 兩次量化寬鬆的投資點比較

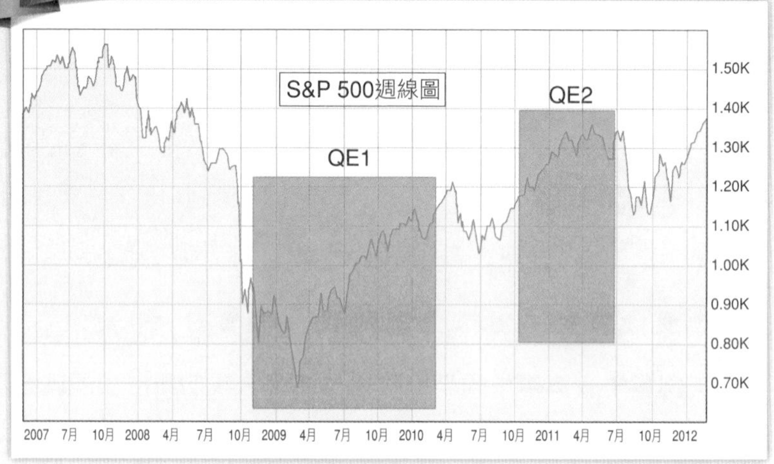

資料來源：YAHOO 財經（2012）。http://finance.yahoo.com/

效果是低於第一次的，除了規模相對較小外，比較基期也已經墊高，因此對於第二波量化寬鬆的預期投資人應該降低，投資人可比較如圖 4.11。

柏南克的 QE3

就務實的角度來看，我們不能說柏南克的作法有很大的錯誤，畢竟房地產是讓美國失業率很難下降的元兇，早日恢復房地產的價格與交易量，自然有助於疲軟的就業市場的恢復，而且長期的高失業率必然會使社會出現很大的問題；然而，貨幣寬鬆政策就像是一把雙面刃，當球愈用力的拍打時，反彈的力道也將會愈強，在此引用大文豪狄更斯的著作《雙城記》開頭：

「這是最好的時代，也是最壞的時代；這是智慧的時代，也是愚蠢的時代；這是信仰的時代，也懷疑的時代；這是光明的季節，也是黑暗的季節；這是充滿希望的春天，也是令人絕望的冬天；我們的前途擁有一切，我們的前途一無所有；我們正走向天堂，我們也走向地獄。總之，那個時代和現在是如此的相像，以至於它最喧鬧的一些專家，不論說好說壞，都堅持只能用最高級的形容詞來描述它。」

我在此稍為改編：「這是一個貪婪的時代，也是一個驚恐的時代；這是擁有最多錢的時代，也是錢最不值錢的時代；我們看似擁有一切；我們卻也一無所有；我們正走往投機的天堂，我們也走向泡沫的地獄。總之，那個時代和現在是如此的相像，以至於最富學問的一些經濟學家，不論說好說壞，都堅持只能用最高級的形容詞來描述它。」

巴菲特曾說「每一個泡沫都有一根針在等著。當兩者最終相遇，新一波的投資者，會學到華爾街一條古老的教訓：當投機看起來輕而易舉的時候，恰是最危險的時候。」不過這一次新的投資人或許會發現，一旦泡沫破滅的時候，人們竟然沒有可以躲藏的地方。

 全球股市觀察——即使是寬鬆政策，也非雨露均霑

請讀者先看看圖 4.12，並參考 2008 年 1 月至 2012 年 10 月約 5 年的期間的走勢：

圖 4.12 量化寬鬆可不是雨露均霑

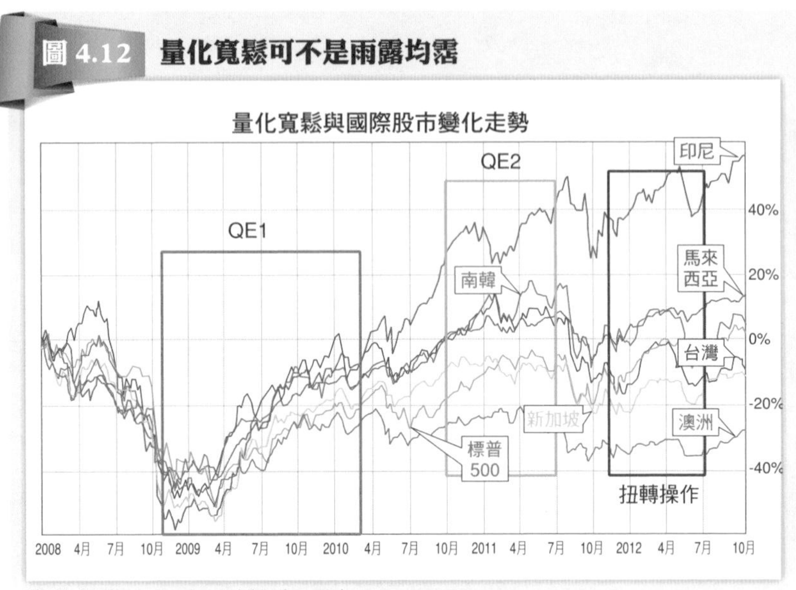

資料來源：YAHOO 財經（2012）。http://finance.yahoo.com/

這期間美國共實施了兩次量化寬鬆（參見圖 4.12），同時期尚包括歐元版的量化寬鬆（2011 年 12 月 21 日的 LTRO 1 和 2012 年 2 月 29 日的 LTRO 2），反映在全球股市上，整體看來似乎是東南亞國家受惠最大，如泰國股市創下了 1997 年以來金融海嘯的高點，菲律賓股市更創下歷史新高。從圖 4.12 可以看到，印尼、馬來西亞的股市表現，遠優於亞洲其他國家，甚至是量化寬鬆的發源地美國的標普 500。真是十年風水輪流轉。過去常聽到「不要變成菲律賓第二」，先不論是否是 QE 的效果，

資金向來只往最有效率的地方走，就算沒 QE，資金也會做移動，而有了 QE 只是讓強者更強，弱者不那麼弱而已。

這個規則即使是套用在美國也是一樣。美國四大指數有道瓊、那斯達克、標普 500 及費城半導體；其中費城半導體指數在 2011 年 2 月就見到高點，而其他三大指數陸續在 2012 年創下新高；因為台股的表現較貼近費城半導體，而與道瓊、那斯達克、標普 500 脫勾，可見即使低利率加量化寬鬆，資金還是集中在有潛能跟有競爭力的地方。

財經常識

德拉吉的 OMT

在撰寫本書的期間，歐洲央行總裁德拉吉宣布新的公債購買計畫，名稱為「直接貨幣交易」(Outright Monetary Transactions, OMT)，只要西班牙與義大利請求紓困，接受嚴格的財政監督，歐洲央行將於次級市場買進兩國公債，以引導兩國殖利率降低，讓西班牙及義大利的舉債成本下降，而歐洲央行將會透過其他工具去沖銷買進公債所釋出的資金，整體的貨幣供給量是不變的。

歐洲央行採用的是「質化寬鬆策略」。量化寬鬆是將央行藉由買進資產的方式讓資產負債表整個擴大，**質化寬鬆則是在資產負債表規模不變的狀況下，去改變資產負債表的內容**。美國於金融海嘯之後採用的是兩者並行的策略，不但擴大資產負債表，尚買進過去央行從未持有的抵押債券。歐洲央行的直接貨幣交易由於沒有擴大

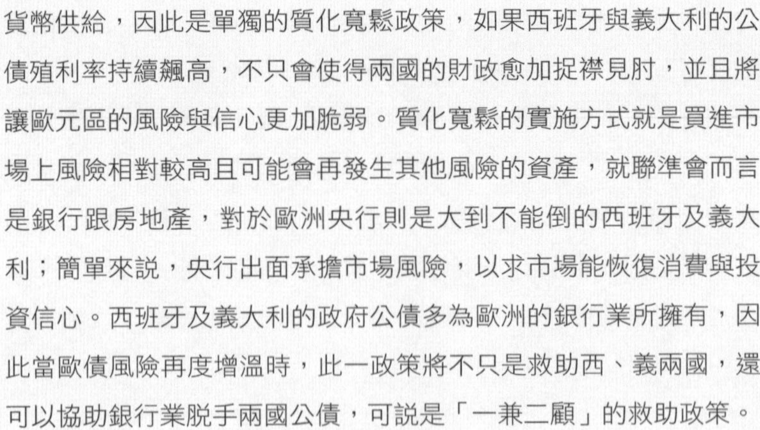

貨幣供給，因此是單獨的質化寬鬆政策，如果西班牙與義大利的公債殖利率持續飆高，不只會使得兩國的財政愈加捉襟見肘，並且將讓歐元區的風險與信心更加脆弱。質化寬鬆的實施方式就是買進市場上風險相對較高且可能會再發生其他風險的資產，就聯準會而言是銀行跟房地產，對於歐洲央行則是大到不能倒的西班牙及義大利；簡單來說，央行出面承擔市場風險，以求市場能恢復消費與投資信心。西班牙及義大利的政府公債多為歐洲的銀行業所擁有，因此當歐債風險再度增溫時，此一政策將不只是救助西、義兩國，還可以協助銀行業脫手兩國公債，可說是「一兼二顧」的救助政策。

之前提過，央行策略是否可以成功，最重要的是信心問題，因此這次歐洲央行沒有設定上限的前提非常高招，我相信歐洲央行很開心全球媒體以「歐洲央行無限購買公債」作為標題，由於目前多數證券收益率過低，當市場認定西班牙、義大利的債券不會違約跟減計（持有債券價值被打折）時，願意承擔風險的買盤將會進場，進而壓低兩國的殖利率。當然，殖利率一旦被壓低後，兩國於公債市場發行將會受到認購，自然就沒有提出紓困的需求，歐洲央行就不需要買進兩國的公債，順利的話，**歐洲央行根本花不到一毛錢，就可以成功的完成一次「口水」救市**。

不過這並沒有治本，兩國的龐大負債並沒有消失，即使最終歐洲央行買進兩國公債也不能改變基本面的問題，否則希臘早已得到解決，歐洲央行的做法是以拖待變，如果經濟恢復增長，兩國的債務問題自然能得到解決。總之，德拉吉為歐元區又爭取到一些時間，也讓金融市場出現短暫的歡樂，但是否能解決歐債問題，最終還是需要觀察兩國的經濟是否能夠回暖。

量化寬鬆成功的關鍵——「信心」

量化寬鬆要能夠成功，除了投注的資金規模之外，最重要的還是信心問題。柏南克必須讓市場認為，他在拯救市場無限制的投注資金時，反而用花了較少的資金就能引導市場轉向風險性資產。簡單的說，如果市場不相信柏南克願意或者能夠將中長期的公債殖利率壓低（殖利率的高低會決定債券的價格高低），市場自然不願意承受較低的風險貼水，市場的借貸利率將無法降低；如果歐洲央行直接表明：「當西班牙與義大利的公債殖利率超過 6% 時，將無限制的進入二級市場買進公債，以壓低殖利率」，就可以反向促使市場資金承擔風險的意願提高，進場買進兩國公債；如此一來，歐洲央行或許根本不用出一毛錢，就能達到事半功倍的成效。這是非常重要的一點，如果未來再遇見相同的狀況，一定要觀察當時的聯準會主席是否有從直升機上灑錢的決心！反過來說，如果未來的聯準會主席面對通縮的環境時，量化寬鬆的策略無法給予市場信心，股市築底的時間將會拉長。

長債 vs. 短債，利率怎麼轉！

風險偏好支撐了證券價格——證券收益率降低的泡沫化

雖然柏南克認為買進 2 年期的短債，就能夠有效的引導中長期國債利率下滑，但實際上柏南克卻是直接買進中長期國債，並且搭配將聯邦基準利率由 0 調降至 0.25%，結果 10 年期公債殖利率跌破 2%，實質利率轉為負，使得 30 年期的抵押貸款利率以及投資等級的公司債殖利率來到歷史低點。

柏南克將 30 年期抵押貸款利率壓低的目的是為了降低房地產貸款利率，讓房地產的需求提升；此外，壓低了公司債的殖利率則可以讓企業的舉債壓力減輕。**殖利率的下降表示債券價格的提升**。因此在首次量化寬鬆之後，包含抵押債券、高收益債券、公司債等相關基金都有獲得表現的機會（**參見圖** 4.13）。但反過來看，當殖利率來到歷史低點時，代表對未來的利率以及違約風險的承擔能力也會下降；另外，公債殖利率是受到聯準會貨幣政策的影響，但抵押債券、高收益債券、公司債殖利率卻是受到經濟表現以及違約率的變化所影響；因此，如果經

圖 4.13 小心證券收益率降低的泡沫化

資料來源：FRED (2012).

濟層面轉差，結果就會如同 2008、2009 年一樣，公債殖利率會在低檔或者是再探底，而其他債券殖利率卻大幅走高的情形。所以，千萬不要認為兩者利差大就可以投資，目前來看抵押債券、高收益債券、公司債風險已經不低，對於已經持有的投資人要注意下面幾點：聯準會貨幣政策的變化、美國非農就業人口的增減，及違約率是否上升。

 投資大師的觀點

巴菲特在 2012 年致股東信中，對美國債券投資曾經提出看法，從 1965 年至今，如果只對美國公債持續利息滾動再投資，平均每年收益約 5.7%，但扣掉 25% 的所得稅實際上只有 4.3%，而通膨幾乎是所得稅的 3 倍，因此投資美國公債的實際收益幾乎為零。從巴菲特提出的看法可以得出下面的結論：如果平均收益 5.7% 的公債投資都無法帶給投資人利潤，那麼目前低於 2% 的 10 年期美國公債，未來將會帶來虧損；如果 5.7% 的公債是最危險的資產，那麼低於 2% 的十年期政府公債，就可以說是「具有毀滅性的資產」了。

葛洛斯認為，目前全球經濟進入一個新常態，在投資等級債券殖利率僅 1.75% 下，投資人的股票投資能預期的全年投資報酬率將只有 3% 至 4%。上述現象很重要的原因在於，已開發國家進行去槓桿化，在需求縮減之下，企業獲利自然無法大幅提升，反應企業獲利的股市自然也就沒有大行情。我們可以反過來看，如果股市發生遠超過企業獲利的大行情，則幾乎可以斷定是金融海嘯之後，各國量化寬鬆之下所創造的股市最終煙火秀。

量化寬鬆下的台灣異象

台灣在 2011 年 11 月開始景氣燈號出現連續的藍燈，指數最低出現在 2011 年 12 月 19 日的 6,609 點，而台股多數時間都在 7,000 點之上，並且最高一度來到 8,170 點。2002 年，台股總市值占 GDP 的比重約 0.89；2008 年，台股總市值占 GDP 的比重約 0.92；2013 年初至目前為止，台股總市值占 GDP 的比重或許會超過 1.30，而這個數值就已經是創下近十幾年來的第二高，就連續藍燈的台股而言，這樣的比重實在不低。

更特別的是，2001 及 2008 年景氣衰退時，台股的領先指標

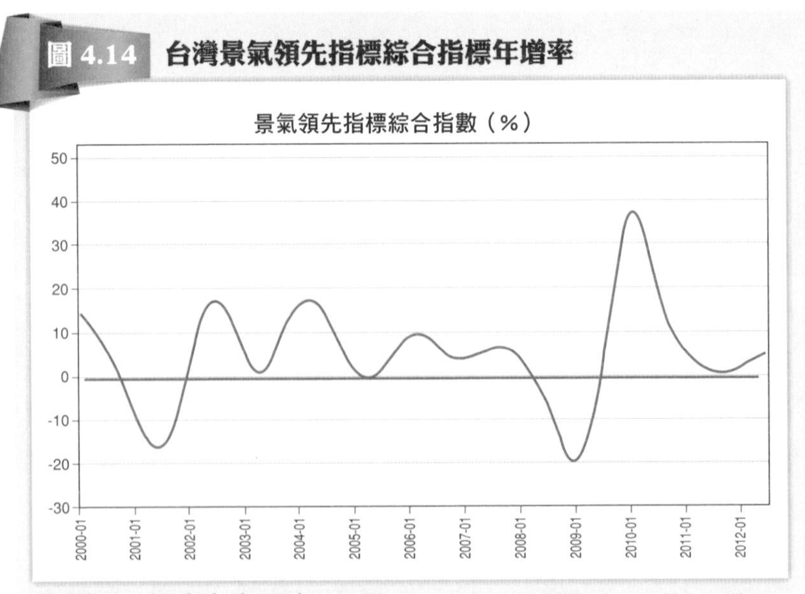

資料來源：經建會（2012）。http://index.cepd.gov.tw/inQuery.aspx?lang=1&type=it02

同時出現連續 15 個月的年增率衰退，但台股在那段期間裡，不但沒有出現年增率衰退，反而在 2011 年 9 月後逐步走高，如果經濟真的在此區間進行落底，就指數來看，不但將會變成台股有史以來最高的底，甚至會變成景氣最熱絡的衰退！

如果觀察領先指標的構成項目，從台灣 2011 年 11 月景氣燈號轉為藍燈至今，只有 M1B（台灣貨幣供給額的一項統計，即為通貨淨額＋支票存款＋活期存款＋活期儲蓄存款）總計數以及製造業的存貨量指數兩者始終保持為正；因此，說這其中存在由資金所堆出的資金行情並不為過。

股票投資債券化

由於過剩的資金以及過低的債券收益，資金轉往營收及配息較為穩定的股票。以台積電為例，2010 年每股盈餘 6.24 元；2011 年每股盈餘 5.18 元；2012 年上半年每股盈餘 6.41 元，雖然台積電於 2012 年營收再度成長，但為了保留現金擴大資本支出，台積電每年每股配息 3 元或許將是長期的政策。接著從台積電的股價做觀察，2011 與 2012 年時，股價表現較 2010 年來得強，台積電的股息殖利率逐年降低，原因在於公司競爭力夠且有穩定的配息能力，在美國 10 年期公債殖利率低於 2%，台灣公債殖利率更低於美國的情況下，市場把股票當作債券來投資可說是相當正常的事，而電信三雄的穩定配息更是壽險公司配置的重要標的。因此當美國 10 年期公債殖利率上揚時，以美國 10 年期公債殖利率為基準來做評價的債券或者股票都將會受到衝擊。

房地產收益率只略高於一年期定存

由於較安全的公債收益率過低，因此市場可以忍受較低的股票、房地產、公司債的殖利率。這邊再舉一個例子，次貸海嘯前台灣的壽險業者為了活化資產，將不動產進行證券化（REIT），當初上市設定的配息率約 3.85% 至 4.5% 之間（以 10 元面額計算），至目前富邦 R1 以及國泰 R1 等的殖利率已經降到 2.3% 至 3.1%，現在壽險業者為了花掉多餘的資金，甚至買進殖利率僅 2% 的商辦大樓，這樣的買進價格已經把未來資產以及租金上漲都算進去，一旦表現不如預期時將承擔大量的風險。

美元貶值

在 2002 年柏南克的演講中提到，匯率貶值在中止通縮上有很大功效，因此量化寬鬆的政策有一個很大的附加功能，就是讓美元可以貶值。也就是說，只要美國經濟沒有進入柏南克認為的較為舒適的軌道，或者通膨還沒有高升的時候，美元就很難出現較高幅度的升值；尤其是在柏南克可能會隨時再度祭出量化寬鬆政策的背景下，隨時可以滿足市場對美元的需求，避免美元出現大幅升值，維持美元低利環境，除了資金會在美國承擔風險尋求較高的利潤外，也會外流至他國。

比較 2008 及 2011 年至今的新台幣走勢，2011 年 8 月，國際股市崩盤使台幣一度出現較大幅度的升值，不過隨後美元兌新台幣多維持在 30 元以下，如果以景氣燈號來觀察，甚至出現 2011 年 11 月藍燈出現後，新台幣匯率反向升值的怪異現象，這對於以出口為導向的台灣經濟來說也算是一個黑天鵝的事件

（極不可能發生，實際上卻又發生的事件）了。

從台灣的投資角度來看，新台幣的強勢未必能帶給台股上漲的空間，重要的還是企業獲利能力是否能夠改善，尤其台股有許多毛三到四的企業，新台幣一旦升值恐怕加重此類企業的營業困難。未來如果美元升息或是新台幣貶值，所造成的資金流出，恐怕會帶來台股與資產價格的下跌。

圖 4.15 怪異的新台幣走勢

註：本圖主要目的是破除台幣升值台股會漲、台幣貶值台股會跌的迷思。如果從不同的區間來看，有可能得到不同的結果，但也有可能是量化寬鬆下所導致的結果。

資料來源：Yahoo 財經網（2012）。

135
130
125
120
115
110
105
100
95
90
2006
2007
2008
2009
2010
2011
2012
2013

CHAPTER 5

糧霸——原物料的新型態戰爭

人類的歷史可以說是一部資源掠奪的歷史，著名電影《投名狀》其中一幕高喊著「搶錢、搶糧、搶女人」讓許多人印象深刻。在資源缺乏的年代如何獲得資源是生存的必要條件。現代人多數生活物資不缺，只留意著能否買到最新的3C產品，卻忽略了最基本的需求：能源以及農產品。沒有能源現代社會將無以為繼；沒有農產品甚至有可能無法生存。本章為您談談美國的能源乃至糧食政策。

5.1 能源——美國未來的方向

美未來能源政策方向

原油進口主要來自石油輸出國家組織（OPEC），美國一直是原油的進口大國，近年雖已經逐漸下降，但在 2011 年 OPEC 原油占美國原油進口比重依然還有 47%。過往為了維護原油的取得，美國在中東的戰爭上付出許多的成本，而為了降低美國經濟對於原油的依賴，以及來自中東進口的原油占比（美國的國力已經無法再次負擔如波灣的大型戰爭），美國從以下幾個方向著手：

分散原油的來源

美國來自加拿大的原油供應逐步走高。

2011 年，來自加拿大的原油進口 220.7 萬桶，年增 12%，創下歷年新高；而 2011 年美日均原油進口量 891.4 萬桶，創下 11 年來的新低。也就是說，美國使用來自加拿大的原油占進口約 25%，且有逐步走高的趨勢，其比重已超過中東；另外，油頁岩技術的提升不但提高美國瓦斯的產量，增加美國本身原油的生產能力，又增加對近海原油的開採，使得美國原油的自給率逐步提升。2008 年時美國每日生產 495 萬桶原油，至 2011 年以後增加至每日 570 萬桶，是近 10 年來最高的水準。

 降低原油的消耗

根據 2010 年最新的燃油標準，規定在 2020 年時所有美國生產的轎車，以及輕型卡車必須達到每加侖行駛 35.5 英里（約每公升 15.2 公里），較當時每加侖約行使 25 英里提高 42%；使得美國汽車增加用鋁的比重，減輕汽車重量。

 增加生質能源的比重

根據新的「能源自主與安全法」的規定，交通燃料須加入再生能源的比重，由 4.46% 上升至 7.76%，並且於 2020 年達到 360 億加侖的目標；其中，玉米乙醇產量 150 億加侖。2011 年時美國乙醇生產約 137 億加侖（根據 2011 年 7 月美國農業部統計，玉米乙醇的使用量已超過飼料）。

 增加其他能源的供應

可再生能源是美國未來能源的重要發展方向，不只是生質能源，其他尚包含太陽能、風力等，另外藉由開挖核心技術的提升，已可從油頁岩中大量開發出天然氣。

美國是擁有大量天然氣資源的國家之一，產量的增加讓美國天然氣的價格大幅度降低。由圖 5.1a 可以發現，從 2009 年開始，美國瓦斯價格跟其他國家的表現已明顯脫勾，2012 年美國瓦斯的價格甚至回到 1999 年的水準，由於瓦斯是相對潔淨的能源，符合現代環保議題，因此瓦斯發電的應用將會持續增加，未來瓦斯除了供應美國本土使用以外，由於與他國存在著高額的價差，很有可能瓦斯將成為美國未來輸出的重要原物料之一。

圖 5.1 近兩年多美國新增的能源供給

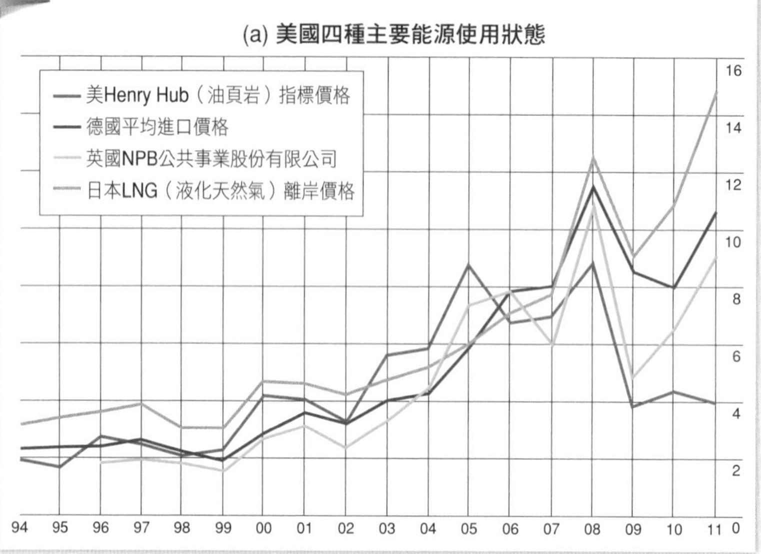

說明：CIF 價格＝貨品價格＋運費＋保費，但不包含關稅。

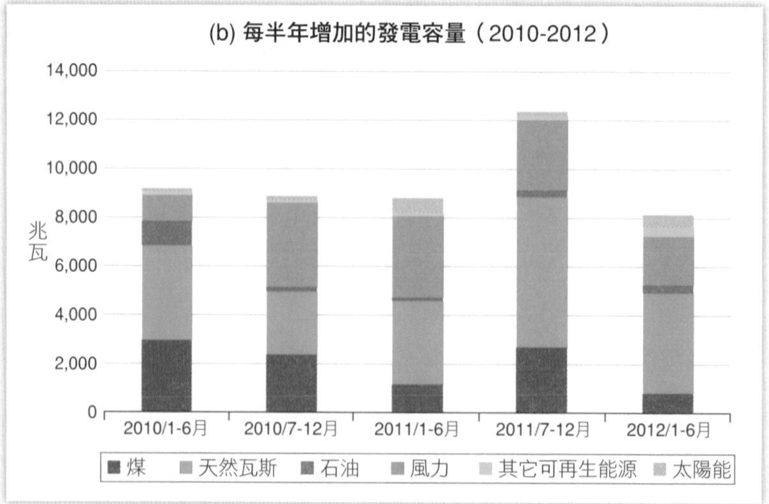

資料來源：(a)BP Statistical Review of World Energy (2012). http://www.bp.com/sectionbodycopy.do?categoryId=7500&contentId=7068481.；(b) US. Energy Information Administration (2012). http://www.eia.gov/.

在歐巴馬 2012 年的競選連任政策裡頭，提到預計在 2020 年前把進口石油減半；並且於 2020 年前提供 60 萬個天然瓦斯產業工作機會。雖然歐巴馬未必能獲得連任，然而此政策確實是美國未來長期的能源策略。畢竟提高美國能源的自給率，不但可以降低對國外的依賴，還可以增加就業機會。從圖 5.1b 來看，目前美國新增的電力來源主要來自於瓦斯及再生能源，而煤礦以及石油的新增產能則相對較低，兩者未來占美國的能源消費占比將逐漸降低，而瓦斯的重要性將逐步提高。

神奇的頁岩油——世紀新黑金為美製造業重啟競爭力

根據國際能源總署（IEA）2012 年 11 月所發表的報告指出，美國將在 2015 年取代俄羅斯，成為全球最大的天然氣產國，並在 2017 年取代沙烏地阿拉伯，成為全球最大產油國；而美國能源資訊署（EIA）更是發表申明，2013 年美國原油產量將創史上最大成長幅度，石油的進口也將創 25 年來新低點。這些改變都來自一樣東西，叫頁岩油（Shale Oil）。

至於何謂「油頁岩」，是富含有機物的沉積岩，粒度小，主要成分為油母質（由有機化合物組成的固態混合物），可自其提煉出液態烴類，但油母質與石油並不相同。油母質的加工成本比石油高，因此就價格及環境衝擊方面而言，油母質常被視為石油的替代品。而透過裂解化學變化，可將油頁岩中的油母質轉換為合成原油。

愛沙尼亞與中國有穩定的油頁岩工業，而巴西、德國、以色列與俄羅斯亦對油頁岩有所利用，美國自不在話下，美國石油協會主席傑拉德（Jack Jerard）甚至宣稱，未來全球能源軸將處於美國控制之中。

美國因水平井及水力壓裂技術在頁岩油開採上的進步，使得產量出現爆發式的成長。2011 年頁岩油產量增加到每日 90 萬桶，占全美原油總產量比重提高到 15%；2012 年美國原油產量為每日 640 萬桶，2013 年將增加到每日 730 萬桶，預計 2014 年將再增加到每日 790 萬桶，這使得美國原油對外依存度降到 40% 以下，為 1991 年以來最低；更重要的是，油頁岩的開採使美國自 1971 年以來，連續 42 年的貿易逆差出現了翻轉的現象，看來美國能源自給自足的大夢為期不遠。

根據孫慶龍於《貿易雜誌》指出，美油頁岩的順利開採將對全球經濟產生三大影響：(1) 高價能源的過去；(2) 美元升值趨勢將漸明朗；(3) 美國製造業重啟競爭力；而實際的現況是，頁岩氣的開採使天然氣的價格一度跌破 2 美元／MMBtu，創下近 10 年來的新低。低廉的天然氣與能源成本（見圖 5.1a）使得美國企業回流，創造更多就業機會，赤字少了，就業率高了。

當美國石油產量增加，甚至成為全球最大產油國，勢必衝擊未來全球政經情勢，不只降低中東產油國的地緣政治影響力，也將導致全球油價下跌，長期來看價格將趨於穩定。

資料來源：整理修改自盧永山編譯（2013）。自由電子報，頁岩油新黑金足供美國使用 302 年。http://www.libertytimes.com.tw/2013/new/jan/22/today-fo4.htm，檢索日期：2013 年 10 月 9 日。

生質能源發展

美國為推廣生質能源而採用補貼政策，使得玉米乙醇需求大幅成長超過 8 倍，由 2000 年的 1,653 百萬加侖大幅成長到 2011 年約 13,700 百萬加侖。從**圖 5.2** 可以發現，美國玉米的產量一直成長，只是新增的產量大部分都由高速增加的玉米乙醇所取得，使得國際間產生與民爭食的批評聲浪。由**圖 5.2** 中可以看到，2006 年之後糧食不只變動區間加大，且一旦上漲其速度都非常的快，即使在 2008 年糧食價格曾一度出現大幅下跌，但仍都遠高於 2006 年前的任何一個時刻；換句話說，糧食價格呈現著長期上漲的趨勢。

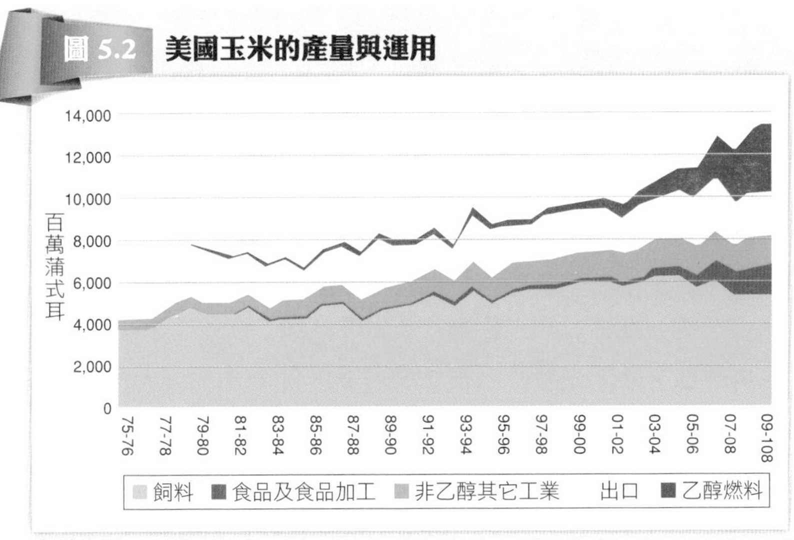

圖 5.2 美國玉米的產量與運用

資料來源：United States Department of Agriculture (2012). http://www.usda.gov/wps/portal/usda/usdahome

美國是最大的石油進口與糧食出口國，這使得美國的能源與糧食策略對資源流向與價格將會造成重大影響。美國一直把這兩項視為國安層級，這從美國的政策中可以發現。美國過去一直做著保護航道與保留國內原油開採，並穩定糧食供給的動作；當然，它新的能源政策強化生質能源的應用，並開採頁岩氣、頁岩油，使美國能使用較低的能源價格，致政治與經濟地圖以及糧食價格的重大改變，對於如台灣般的能源及糧食進口國來說，須小心應對，否則將會因為輸入性通膨，嚴重影響民生與經濟，造成民怨。就投資人來說，則必須關注原物料的價格變化，因為原物料的價格變化對某部分廠商的影響尤其深遠。

5.2 農糧霸權

由圖 5.3 可知，國際糧價一直呈現上漲的走勢。2005 年，美國通過「能源政策法」提出再生燃料標準（RFS），強制從 2006 年起美國所銷售的運輸燃料用油必須含有一定比例的生質燃料；2007 年通過的「能源自主與安全法」則進一步修正再生燃料標準，增加生質燃料的添加比例；如再觀察圖 5.3 可以發現，糧食價格上漲與法令過關的時間點上有非常巧妙的配合，法案通過的隔年國際糧價都出現大幅上漲，雖然美國生質燃料主要是用玉米提煉，然而政策的引導也將使其他農作物轉作玉米，而原本以玉米作飼料的畜牧業也將轉往大豆等其他農產

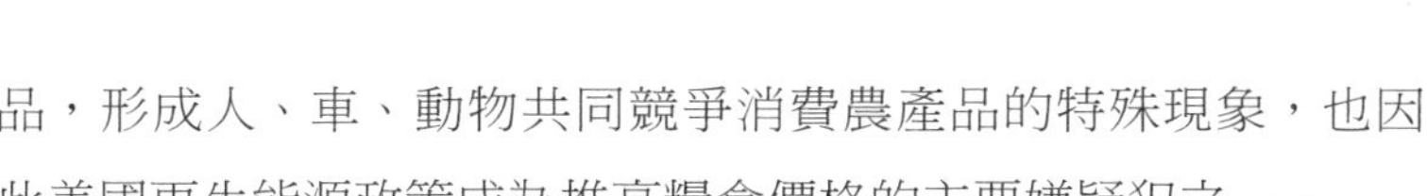
品，形成人、車、動物共同競爭消費農產品的特殊現象，也因此美國再生能源政策成為推高糧食價格的主要嫌疑犯之一。

全球的肚子——農產品

美國農業經濟學博士派屈克．威斯霍夫（Patrick Westhoff）在《糧食的價格，誰決定？——揭開糧價波動之謎》（*The Economics of Food: How Feeding and Fueling the Planet Affects Food Prices*）一書中，提出對於糧食價格變化的看法，認為影響 2006 至 2008 年之間糧食暴漲的原因有下列 7 個：

1. 生質燃料產量：生質燃料生產規模快速擴張。
2. 能源價格：能源價格上漲，推高糧食生產運輸成本跟進一步加強生質能源的需求。

圖 5.3 國際糧價走勢圖

資料來源：聯合國糧食及農業組織（2012）。http://www.fao.org/organicag/oa-mandate/zh/

3. 政府政策：政府於政策上鼓勵生質能源並限制糧食出口。
4. 氣候：2006 及 2007 年天氣惡化造成主要出口國產量減少。
5. 經濟成長與飲食習慣改變：中國經濟成長改變了人民的飲食習慣。
6. 美元的價值：美元疲軟使得國際增加對美國糧食的採購。
7. 投機買賣：市場投機者將重心放在農產品期貨，造成價格漲跌幅擴大。

誠如派屈克所言，影響糧食的價格有許多種，上述這七種原因有可能或多或少造成糧食價格的波動，但分析過多的原因反而會模糊了焦點，我們可以將糧食的價格分析回歸到最基本的供給與需求以及得利與受害，就可以發現，影響糧食價格最主要的因素在於美國。

美國是全球農產品的主要生產及出口國，且掌握著農產品的流向，因此美國很難有缺糧的飢荒事件發生，再加上美國的人均收入高糧食支出占所得的比例較低，受到糧食價格上漲的傷害也較低。因為，美國在政策上可以決定糧食是否倒向生質能源，如有必要時也可以減輕生質能源的產量，另外也可限制出口數量；換句話說，美國可以藉由政策掌握糧食供給與需求的兩端，具有主導糧價的發球權，**國際糧價在變化上有很大的比重是在看美國的臉色！**

美國前國務卿季辛吉曾說：「**誰控制了石油，就掌握了國家，誰控制了糧食，就掌握了人類，誰控制了貨幣，就掌握了世界。**」因此，美國的策略可說是非常明確的。美國早已掌控了貨幣，也控制了糧食，目前的策略則是想要擺脫受制於人的石油，因此美國不會輕易降低對生質能源的需求，未來石油的來源將從政治較為不穩定的中東轉往兄弟之邦的加拿大（加拿大占美國原油進口的比例只會增加不會減少），生質能源則往關係較穩定的巴西（美國跟巴西占全球生產比重近 80%），可以想見未來美國將不會大規模參加中東的戰事，2011 年美國對於利比亞干預較過去美國對中東的策略明顯消極多了，對於伊朗也採用國際施壓的方式圍堵，一方面是目前美國的財政負債過大，已不宜再進行大規模的軍事行動，另外一方面是中東對於美國的影響力已減低，未來頂多做出不影響美國財政下的小規模武力展示。

以糧食的出口量來看，美國是世界最大的糧食出口國，近年的糧食價格高漲，引發美國國內的食品業者與國際的糧食組織，紛紛呼籲美國降低生質能源的生產量，讓糧食價格能夠有效的回穩，然而美國政府卻完全不為所動（**參見圖** 5.4）。美國的食品占 CPI 的權重遠較其他國家來得低，糧食價格上漲對美國的傷害少，反而能因糧食價格上升而受惠。

2009 年，美國農產品出口金額 962 億美元，貿易順差為 228 億美元；2010 年，美國農產品出口 1,086 億美元，占出口總金額的 10%，貿易順差達 297 億美元；2011 年，美國的農產品出口金額 1,265 億美元；從 2009 年第二季到 2011 年第四季，美國的農產部門的產值增長了 35%。由於美國農業已經高度機械化，美國農民的總收入持續往上升高，也帶動相關的設備投資的持續增長，成為美國金融海嘯之後少數的產業亮點之一。

美國總統歐巴馬於 2010 年提出 5 年糧食出口倍增計畫，擴大這美國少數可以長期保持貿易順差的產業。美國在糧食價

圖 5.4 糧價上漲對不同國家的影響

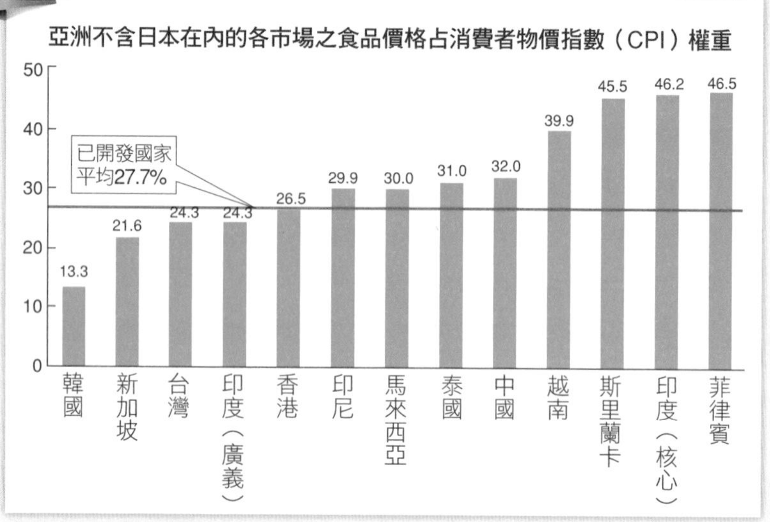

資料來源：鉅亨基金網（2012）。http://fund.cnyes.com/Report_Content.aspx?kind=2&sn=160497&fi=%5CResearch%5C20110224%5C0224-999979-R1.HTM

格上漲中，受益程度遠高於受害程度，一方面降低對原油的依賴，另一方面糧食價格的上漲也能增加農民的收益，讓美國能用糧食換取較多的商品，由此來看，美國是不太可能主動去打壓糧食價格。

糧食價格背後的故事

糧食價格波動對美國的影響並不大，但對其他地區而言可不是如此。有些地區深受糧食價格上漲的嚴重影響。讀者若觀

圖 5.5 食品價格指數與暴動間的關連性

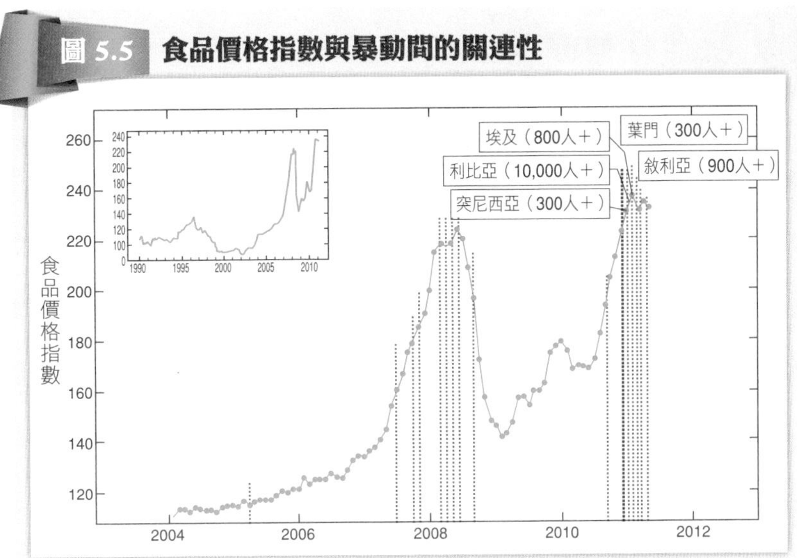

註：國際農糧組織將食品價格上漲與暴動所做的關連性，括號為死亡人數。
資料來源：New England Complex Systems Institute (2012). http://www.silverbearcafe.com/private/01.12/blackswans.html

察糧食價格與暴動出現的關係，可以發現兩者有非常高度的正相關。

在比較貧困落後的地區，人民本來就只能求溫飽而已，一旦糧食價格上漲，人民為求溫飽將會產生爭食的情形，甚至是發生饑荒。落後地區與國家除了貧困以外，政府效率較差且分配不均，更會引發人民想要示威抗議或者造反求改革的意願，「民以食為天」，一旦政府無法滿足此一基本需求，出現社會不安與動盪是可以預期的事情。因此，國際糧價如果維持在高檔，落後地區的動亂以及饑荒事件將會層出不窮。

台灣的糧食自給率以熱量計算約 33.49%（**參見圖 5.6**）。自

圖 5.6 台灣的糧食自給率

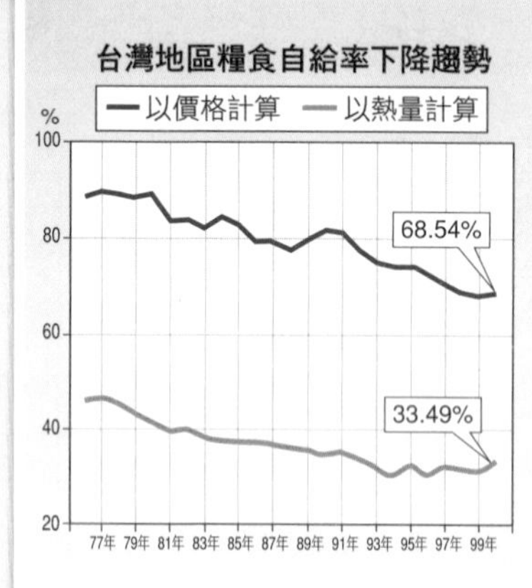

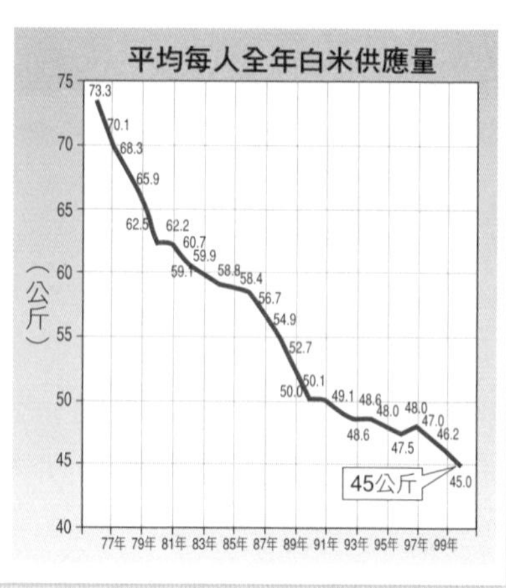

註：圖為台灣糧食自給率及熱量換算表。
資料來源：行政院農委會（2012）。農業統計資料查詢，http://agrstat.coa.gov.tw/sdweb/public/indicator/Indicator.aspx

給率降低的主要原因在於稻米供應減少，肉類供應增加；但由於台灣人口以及消費的改變，肉類依然需要從美國及澳洲進口；另外，小麥、大豆、玉米也是進口的大宗。鄰近國家韓國自主率約 44%、日本自主率 40%。由此數據看來，台灣的糧食相較於鄰國，自給率相對較低，也就是說，台灣需要大量的糧食進口。另外，觀察物價指數的影響方面，美國的糧食僅占消費者物價指數（CPI）10% 的比重，台灣的糧食占消費者物價指數的比重則達 26%，已開發國家的糧食占消費者物價指數比重平均約 16%，開發中國家的糧食占消費者物價指數比重平均則約 39%，可見糧價的上漲對於美國的物價壓力較低，且甚至低於其他已開發國家，而台灣的糧食權重占比雖然低於開發中國家，但也遠高於已開發國家，再加上台灣糧食需要大量依靠國外進口，因此國際糧價的變動對於台灣消費者物價指數的變動，影響很大。例如 2007 年國際糧價大漲時，糧食對於物價上漲的貢獻比重就高達 64%。

全球除了人口自然增加之外，新興市場國家逐漸富裕也使得農產品的需求量增加，剛性需求的逐步上升，使糧價更易於受到供給變化的影響。從國際農糧組織的糧食價格指數可以發現，糧食價格不管是實際或名義價格（**參見圖** 5.7），都已經回不去了，因此台灣政府應該要重新思考台灣的農地開發及其應用的方向。

圖 5.7 糧食的實際與名義價格走勢變化圖

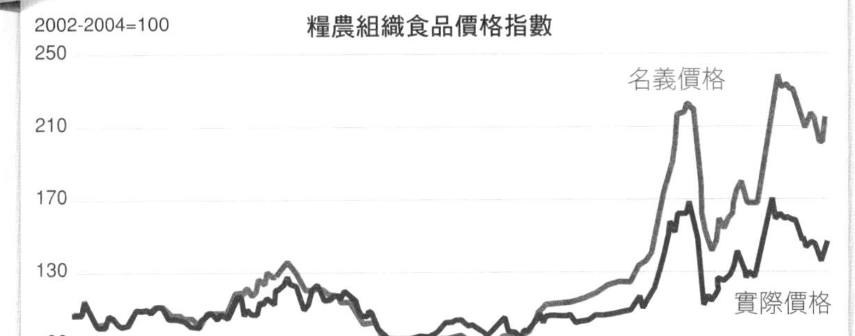

資料來源：國際糧農組織（2012）。http://www.fao.org/worldfoodsituation/wfs-home/foodpricesindex/zh/

5.3 農地——投資新熱潮

糧食價格高漲提升了農地需求

德國的 *Manager* 雜誌總編輯亨利克・慕勒（Henrik Muller），在其著作《全球七大短缺》（*Die sieben Knappheiten*）中，其中一項就是土地（書中所陳述的七大短缺為人口、靈魂、時間、能源、權力、土地、水）。

由於全球人口增加，糧食的消耗是愈來愈鉅了，可再生的生質能源及肉品需求的增加也帶動農產品的需求，使得人類對於農地與牧地的需求增加，然而氣候的變異卻造成農地受到毀損。著名的投資人羅傑斯於 1996 年起，長期看好原物料商品的價格，於 2007 年時更倡議買進農地，2008 年時索羅斯甚至成立穀神合夥公司（Ceres）買進農地當起了地主。

並非只有歐、美看好農地的需求。目前中國、韓國及中東等國，早已購買了非洲、東歐、拉美、東南亞的農地，以確保國內能擁有足夠的農糧供給。其中韓國在國外建設糧食基地，目標是達到可以提供國內所需糧食的四分之一，許多國家開始將穩定農糧供給當作重要的目標，當然，馬政府依然置身事外！

不過，在外國購置農地以滿足糧食需求，還是有很大的風險存在，如果真的出現國際大饑荒，必然會有國家採取限制出口的政策，以台灣在國際上的地位，要排除此一障礙有高度的困難。澳洲有海外機構部分或者完全持有的農地，由 1984 年

的 5.9% 上升至 2010 年的 11%，也使得澳洲議員打算提出加強監管的法令，未來農地的管制將很可能是全球政府一致性的動作，因此最好的狀況還是提高糧食自主的比例，糧食的戰略地位可說是不亞於原油。

農地是否泡沫化

糧食價格的高飛，促成農地的投資以及主權國家如中國、韓國進行購地行為，使得農地需求獲得提升，造成農地價格持續上揚，如果觀察美國農地價格走勢圖，美國農地價格原本就屬於長期向上的趨勢（**參見圖** 5.8a），很明顯的，2006 年糧食價格上漲時，農地價格漲升的幅度較大，2009 及 2010 年糧食價格再度出現大幅上升，再搭配美國目前的超低利率環境，讓農地投資的資金成本低，此期間農地的價格再度大幅上揚。

當然，農地的投資跟農夫的收入成長有很大的關係（**參見圖** 5.8b），農夫的收入主要是在 2006 年之後糧食價格出現兩次的大幅上漲，這使得農夫的收入有很大的提升。2011 年美國農夫的收入較 2005 年增加約 3 倍，還高於農地價格，2011 年的農地價格較 2005 年增長約 2 倍的漲幅，而農夫的收入似乎給予農地價格很強的支撐。

如果搭配小麥以及大豆的價格走勢圖可以得到證實（**參見圖** 5.8c），2005 年以前兩者價格雖然有漲有跌，但多數時間都守在一定的價格區間，直到 2006 年糧食價格一躍而飛之後。從兩者間的變化可以發現，美國農夫的收入確實受到糧食價格影響（**參見圖** 5.8b）。根據美國農業部的統計，2009 年美國農民總

圖 5.8 美逐步上漲的農地價格

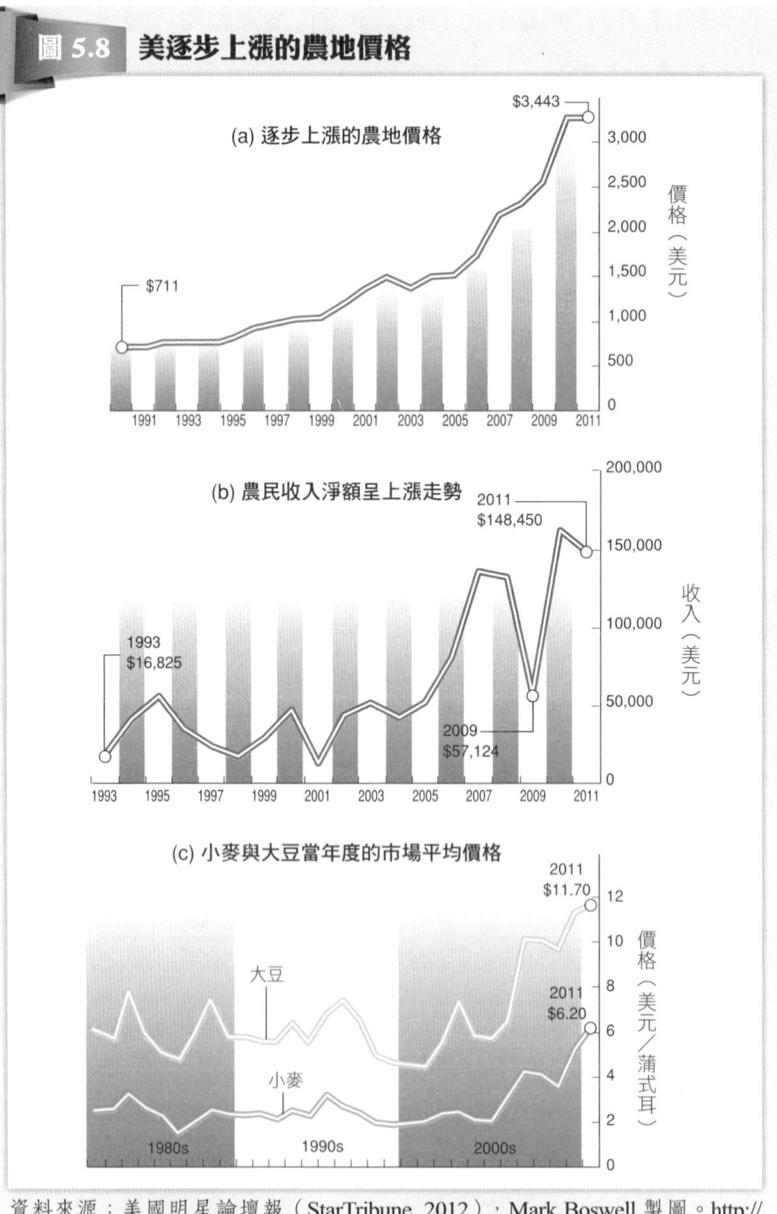

資料來源：美國明星論壇報（StarTribune, 2012），Mark Boswell 製圖。http://www.startribune.com/newsgraphics/159292795.html/

體的淨收入 630 億美元，2011 年時大幅上升至 1,179 億美元，2012 年預估為 1,222 億美元。美國農民家庭扣除機械維修與折舊後的年淨收入超過 10 萬美元，已經遠高於美國家庭收入中位數 5.5 萬美元。

接下來再觀察近 10 年來的農地、道瓊工業指數、房地產價格指數的變化（**參見圖** 5.9），可以發現，農地價格的增長不但遠高於股市、房地產，而且即使面臨金融海嘯，回檔的幅度也遠低於其他兩者。

2002 年，為了建構糧食安全的戰略架構，美國通過了「農業安全和農村投資法」，除了原有的補貼之外，尚另外制法補貼每年 200 億美元；2007 年，美國通過「新農業法」，讓農業（民）能有較穩定的收益，此稱為「整體農業收益安全網計

圖 5.9　美國 10 年來農地價格增長情形

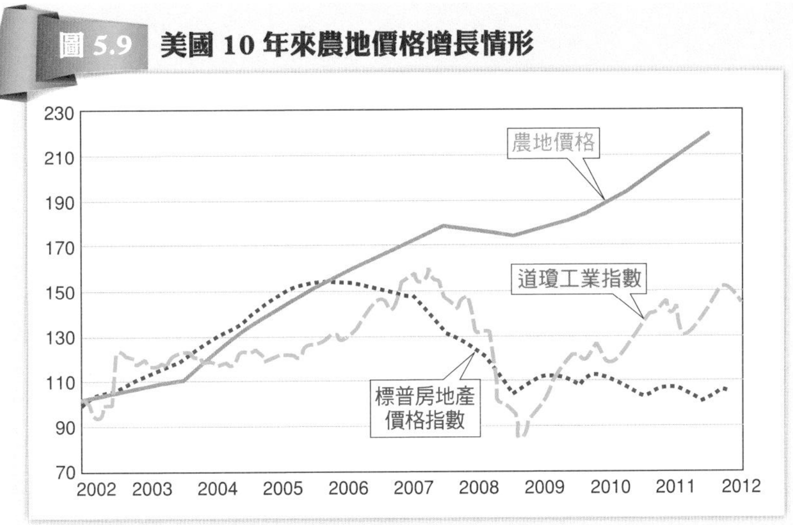

資料來源：American Enterprise Institute (2012). http://www.aei.org/files/2012/11/15/-a-bubble-to-remember-and-anticipate_094204614496.pdf

畫」，除了建立安全帳戶以外，也將補助予以擴大；2008 年，通過「糧食、保育與能源法案」，其中美國政府對於生質能源的補助也讓原休耕的農地復耕；2012 年，通過「收入損失協助及作物保險法案」。綜合上述，讀者可以看到美國是如何保護其農業，除重視糧食安全的保有外，更對於農業非常保護。高糧價有助於美國農民的收入，並能降低美國政府對於農民的補貼支出；當然，更有利於美國降低貿易逆差。而美國政府對於農業偏多幫助的心態，則有助於農地價格的支撐。

美國農地於 2010 年時估計約有 403.45 萬平方公里，而 1992 年之前 425 萬平方公里以上，如果長期來看美國農地的供給也有減少的趨勢，近幾年則因農地價格提高而有小幅回升。農地需求增加、供給減少，以及農民收益率提升，給予農地價格上的支撐，目前來看美國「農地泡沫」或許尚未發生，不過美國農地已經在這 10 年的期間歷經 2006、2009 年兩波大幅上漲，短期上漲的空間已經有限，就算未來高農糧價格會變成常態，農夫收入還是會因農產價格變化較大而相對不穩定，如 2009 年美國農夫收入一度回到 2005 年的水準；另外，大部分的收益都還是集中在少數早期且有較大農田的專職農民身上，約占 15% 的農民人口生產約 85% 的農產品。根據美國農業部的估計，有五分之三的農夫年收入不到 1 萬美元，需要兼第二份差，且在近五年農地快速上漲的情況下，新手農民進場的門檻已經大為提高，即使美國政府對於農業給予大量的補助與支持，讓農地有機會隨著通膨及農產品的高價位有所緩漲，仍很難複製自 2002 年以來漲了 10 年的走勢，投資人尤其該注意美國的利率及政策走向，畢竟美國政府希望的是偏高的糧價，而非是偏高的地價。

5.4 高糧價的受害者聯盟

高糧價的受害者之一——肉品供應商的宰殺

營業收入淨額－營業成本（與生產產品有直接相關的成本）＝毛利

雖然企業是否賺錢還需扣除營業費用，但一般來說毛利率愈高的企業，獲利以及控制成本的能力愈強，但對於原物料價格變動會大幅影響成本的企業而言，其對於成本的控制能力往往較弱，因此當原物料價格短期大幅上漲時，相關企業往往因為短期無法轉嫁成本至下游，導致毛利出現大幅的下滑。

以美國泰森食品公司（Tyson Foods Inc.）為例。泰森為全球最大的肉品供應商之一。該公司可以在飼料的採購上享有規模上的優勢，即使如此，由於飼料費用占肉類生產成本高達70% 上下，再加上大部分消費者只重視肉品的價格大於品牌，使價格不易即時轉嫁給消費者，價格的傳導速度較慢，因此飼料成本的大幅上揚，還是會對其造成相當大的經營壓力。

由圖 5.10a 可以看到，泰森食品的股價與黃豆存在明顯的負相關，一旦黃豆價格大幅上漲時，將造成獲利能力大幅下降，致泰森食品股價反向下修。再以最近的例子來看，上圖黃豆價格由 2012 年 6 月 1 日的 1,344.25（美分／蒲式耳）上漲至 2012 年 7 月 16 日的 1,633.75（美分／蒲式耳），泰森食品則由 18.68

圖 5.10 農產品價格 vs. 肉品供應商

(a) 黃豆與泰森食品

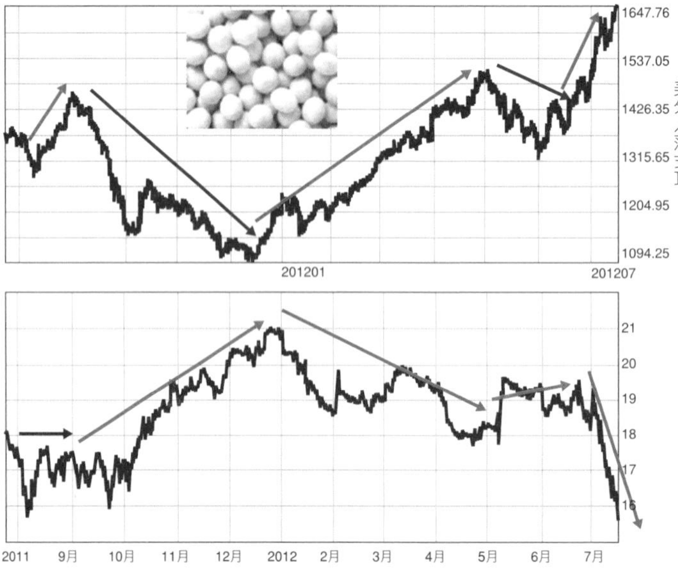

(b)史密斯菲爾德食品與S&P 500的報酬表現

資料來源：(a) 檢索自鉅亨網；(b) 檢索自 yahoo 轉收盤線圖。

美元下跌至 15.63 美元，同期 S&P 500 則由 1,278.04 點上漲至 1,353.64 點。泰森食品竟也是看天吃飯的企業，可說是「當黃豆歉收了，泰森的臉就綠了！」

我們可以再觀察另外一家肉品供應商史密斯菲爾德食品（Smithfield Foods）。**圖** 5.10b 是史密斯菲爾德食品與 S&P 500 的報酬表現，藍色區塊是黃豆下跌的時期，綠色區塊則是黃豆開始大幅上漲的時期。由**圖** b 可以發現，在 2011 年 8 月至 12 月初黃豆價格下跌時期，史密斯菲爾德食品的股價表現明顯優於 S&P 500，但是當黃豆價格開始大幅下跌之後，史密斯菲爾德食品的股價表現明顯落後於 S&P 500。

從以上兩個例證可以發現，兩家肉品供應商的股價表現很明顯的受到飼料成本上漲的影響，由於成本大幅的增加，讓肉品供應商有調漲價格的壓力，史密斯菲爾德食品的執行長 Larry Pope 表示：「未來美國肉品價格可能會以驚人的兩位數成長，肉品未來將成為奢侈品！」不管肉品是否如 Pope 所言成了奢侈品，但是從泰森與史密斯菲爾德這兩家肉品供應商的股價表現可以發現，一旦黃豆價格創下新高時，兩家企業的股價幾乎就創下了一年以來的低點位置；2012 年，肉品價格已無法反映飼料成本的上升自然是最重要的因素。兩家公司何時可以逆轉局勢，未來肉品價格的表現還是得看看黃豆這個原物料臉色了。

高糧價的受害者之二——被宰殺的中國企業

《特洛伊木馬屠城記》是荷馬史詩中著名的戰爭，特洛伊王普里阿莫斯與王子帕里斯出訪斯巴達時，帕里斯遇到了世上最漂亮的女人斯巴達王的妻子海倫，兩人私奔回特洛伊，斯巴達王求助於其兄長阿迦門農，徵召了勇士阿基里斯並組成希臘聯軍，進軍特洛伊。由於雙方勢均力敵，希臘聯軍 10 年久攻不下，最後希臘聯軍佯裝撤退，並留下一個巨大的木馬將士兵藏身於其中，這時特洛伊人歡喜的迎著這巨大的戰利品，回城中大肆的喝酒慶祝，夜裡藏身於木馬中的士兵與希臘聯軍裡應外合，一舉攻破特洛伊，燒殺擄掠並掠奪許多的戰利品。

這場膾炙人口的史詩戰役，多次拍成電影上映，然而卻沒料到在 2003 年時，場景一換竟然在中國上演一齣足以媲美木馬屠城記的可歌可泣故事，雖然少了絕世美女海倫以及男歡女愛的愛情故事，但不減其精彩程度。在天神（美國農業部）的祝福之下，四大糧商一舉攻下中國 7 成的壓榨業，從此掌控了中國的大豆加工市場。

對於四大糧商的故事，其中存在著許許多多的陰謀論，但不可否認的是，四大糧商壟斷了 80% 的糧食貿易，自然能夠熟知糧產較真實及即時的狀況，並對價格擁有絕對的影響力。每年全球幾乎都會傳出旱災、水災等影響農作物價格的天氣問題，其中到底有多少真實或者炒作的狀況，就像股票擁有千線萬線都不如一條「內線」一樣。民以食為天，當人們肚皮被少

表 5.1　名聞全球的四大糧商

掌握全球 80% 糧食貿易的四大糧商			
ABCD 四大跨國糧商	ADM	美國 ADM Archer Daniels Midland, ADM	全球最大油籽、大豆及玉米的加工公司
	BUNGE	美國邦吉 Bunge	1818 年創立，為四大糧商中最古老的企業
	Cargill	美國嘉吉 Cargill	全球第一大的私人控股公司，且是第一大的糧食貿易商
	LouisDreyfus Commodities	法國路易達孚 Louis Dreyfus	全球第三大的糧食貿易商

資料來源：ABCD 圖檢索自 http://www.oilcn.com/article/2012/1126/article_45608.html；ADM 圖檢索自 http://rrservicosetransportes.com.br/?page_id=63；Bunge 圖檢索自 http://www.bunge.com.cn/；Cargill 圖檢索自 http://rrservicosetransportes.com.br/?page_id=63；Dreyfus 圖檢索自 http://rrservicosetransportes.com.br/?page_id=63。

數人掌握時，自然會成為懼怕掌握這絕對內線的對象，況且四大糧商中只有一家是上市公司，更讓人無法摸清這四大糧商的底細（參見表 5.1）。

由於美國是重要的農產品出口國，再加上相關數據的公布也早於其他，如聯合國農糧組織的國際組織，因此其數據公布對於國際糧價的變化有相當的影響力。2003 年 8 月美國農業部以天氣影響為由，將大豆庫存數據調整至20年最低點，使得大豆的價格由當月最低約540美分上漲至2004年4月初約1,060美分，創下30年新高點；之後，美國農業部卻又修正美國大豆的產量數據，使得國際基金反手大力作空，隨後價格迅速滑落

圖 5.11 看圖說故事，爆漲爆跌——壟斷的時間點

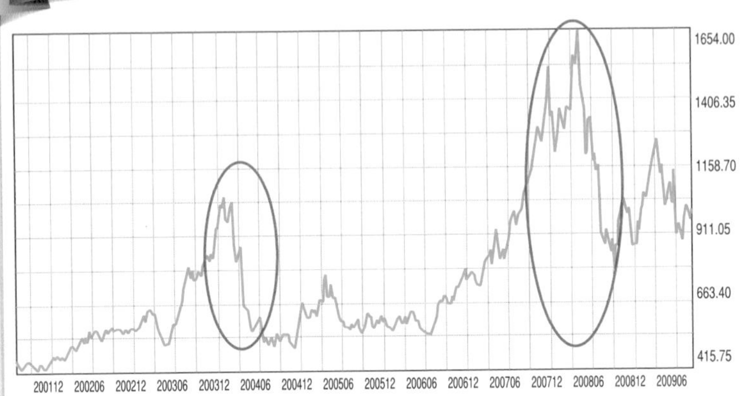

1. 2001至2004年，四大糧商炒作中國需求
2. 2003年8月，美國農業部以天氣影響為由調整庫存，後黃豆價格噴出540至1,060美元／英斗的漲勢
3. 2004年4月，美國農業部再修正美國大豆的產量數據，後黃豆價格跌出1,640至500美元／英斗的跌勢

結果：中國的黃豆壓榨企業進口的黃豆還在海上就慘賠，因此寧願「洗船」賠付15%至20%的罰金，無力支付的廠商被以近乎脅迫的方式接受四大糧商的入股、控股，控制中國超過70%的黃豆油產能。

註：1. 第一個圈圈為洗船事件發生的時間。
2. 第二個圈圈是2007年大豆再度飆漲，使中國再次想起2004年被洗劫的經驗。

資料來源：鉅亨網（2012），檢索自http://www.cnyes.com/futures/flashchart/SCON.html#，檢索日期：2013年6月13日。

至 50% 的起漲區。在大豆價格上漲的期間，中國的壓榨企業由於害怕拿不到貨而加大採購力度，此舉自然無法抵擋價格大幅滑落造成的虧損，不堪虧損的中國大豆加工業紛紛選擇違約，就是所謂的「**洗船事件**」；結果中國壓榨業不但面臨國際糧商的聯合訴訟，而對非糧商入股的企業停止報價等同於遭到斷貨，使得中國壓榨業尚被迫面臨讓糧商入股掌控，自此外國糧商控制了中國超過 70% 以上的大豆壓榨產業。

這「**洗船事件**」足可堪稱是木馬屠城記的中國版真實上演，如有神助的四大糧商，不需耗費長達 10 多年的時間，僅僅短短的半年，就讓迎入大豆（木馬）的中國壓榨業，慘遭四大糧商的無情屠殺。此事件至今依然讓中國企業憤憤不平，只要大豆上漲，往日的痛苦經驗便一一浮現，您說這有沒有陰謀？不管讀者信不信，反正我是信了！

135
130
125
120
115
110
105
100
95
90
2006
2007
2008
2009
2010
2011
2012
2013

CHAPTER 6

經濟學也可以很有趣——看三隻小豬如何玩股債

經濟學是一門生硬的學問，多數投資人是寧願看報紙找明牌也不喜歡翻開課本去研究，看到幾條線畫來畫去，上面標注著可能看得懂，但完全不瞭解其意義的符號，對於非本科系的人來說，門檻太高，即使是本科系，畢業之後多數都已遺忘。

只是，有些藉由社會觀察所衍生出的經濟學，對於投資人來說雖然不具有決策的意義，但在枯燥的研究之中，何嘗不是讓自己放鬆心情的良藥？廣義來說，經濟學存在於生活中的每一個部分，包含每一個動作與每一個決策，經濟學也許不用學太多，但多少瞭解一些吧！

6.1 吃飯皇帝大——恩格爾理論

恩格爾（Ernst Engel, 1821-1896），德國經濟學家和統計學家

在做投資決策時，確實有大多數的經濟學原理很難應用到，且多數的經濟學內容生硬不易理解，不過有些經濟學家的研究（如恩格爾等）是值得大家去學習的，他們的研究理解難度較低，也有助讀者瞭解經濟的變化，甚至有益於投資人的資產配置。

19 世紀中期，德國統計學家恩格爾在調查一般家庭經濟時，發現家庭支出的情形和收入的變化具有顯著關係，當家庭所得提高時，食品支出的占比會下降，服飾、燃料、住宅支出的占比變化不大，用於文化、娛樂及教育的支出比重則會提高，隨著收入所得產生的消費結構變化，就是**恩格爾法則**（Engel's law）的由來，而計算食品的支出占家庭總支出的比重則為**恩格爾係數**（Engel's Coefficient）：

恩格爾係數＝食品支出總額 ÷ 消費支出總額

恩格爾用這法則來作為判別家庭富裕的程度，當恩格爾係數為 20% 以下（食品支出占總支出 20% 以下）為有錢的家庭，30% 為中產階級家庭，50% 以上則為貧困家庭，如圖示：

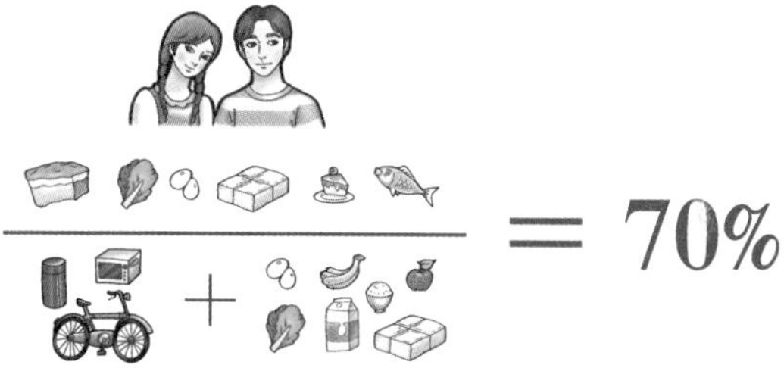

＝ 70%

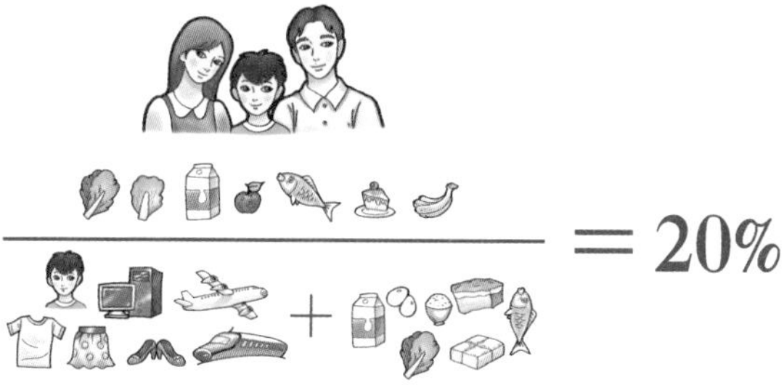

＝ 20%

恩格爾法則係利用食品支出的占比辨別家庭的富裕程度，另一方面也可用來辨別國家的經濟發展。台灣的恩格爾係數已從 1961 年的 53%，降至近年的 21%；中國的恩格爾係數從 1980 年的 57.3%，到 2007 年下降至 35.1%；這些是因為當國家人民逐漸富裕時，食品占支出的比重就會下降。

從恩格爾法則可以發現，食品的彈性需求低，雖然不會因為所得支出增加而大幅提升，相反的當所得減少時，也不易大幅減少。畢竟每個人食量終有上限，為避免餓肚子自然也有最低的需求。因此當經濟不景氣時，食品類股反而可以成為防禦性的標的，因為食品產業的業績落差不至於太大，因為消費者可以延後換 3C 產品的時間，卻不可能等到景氣變好時才吃飯。

如果將道瓊工業指數與食品成分股加以比較可以發現，麥當勞（MCD）、可口可樂（KO）、卡夫食品（KFT）三者，在2009年道瓊下跌超過40%時表現明顯相對抗跌，尤其是麥當勞於金融海嘯期間，股價依然維持上漲（**參見圖** 6.1）。

如果持續衍生恩格爾法則，恩格爾係數高的家庭或國家，由於食品的支出占比較高，面對糧食上漲所引發的衝擊也較大，是除了以糧食價格占CPI權重以外，另外一個衡量糧食衝擊的指標。因此，聯合國糧農組織也利用恩格爾係數，去衡量各國的生活水準：係數在60%以上為貧困；50%至59%可溫飽，勉強度日；40%至49%小康；39%以下則為富裕。

恩格爾在19世紀針對人類行為的偉大發現，至今依然實用，事實證明人類行為並不會因為文明的發展出現太大的改變。

圖 6.1 食品股的抗跌變化

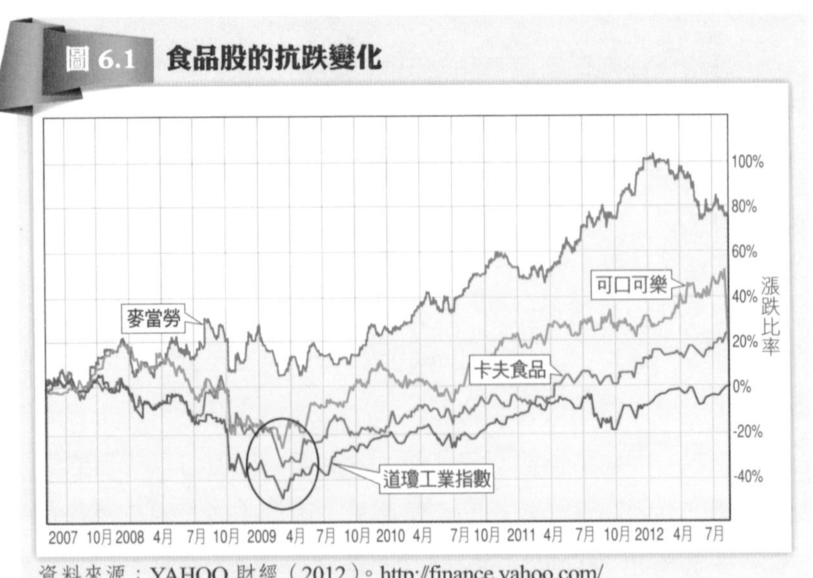

資料來源：YAHOO 財經（2012）。http://finance.yahoo.com/

6.2 景氣雷達——投行的新武器

花旗驚奇指數

各投行（投資銀行）總得發明一些特別的指數來作為判斷經濟景氣的指標，而投資人不妨稍微瞭解一下這些五花八門的「景氣雷達」。**花旗經濟驚奇指數**（Citigroup Economy Surprise Index）是花旗銀行研擬的景氣衡量指標，用來衡量經濟數據發布的實際結果與市場預期的差異。如果實際的經濟數據較市場預期佳（優於預期），則指數往上，如果實際的經濟數據較市場預期差（不如預期），則指數往下，因此可以用來觀察景氣的變化，而景氣的變化往往也牽動股市的漲跌（**參見圖** 6.2）。

觀察過去驚奇指數和股市間的關係，驚奇指數有提前作用，如 2008 年底驚奇指數見到低點反彈，S&P 500 至 2009 年 3 月才見到低點；2011 年初驚奇指數即已反轉向下，而股市則在 2011 年 5 月才見到當年高點。

圖 6.3a 有兩個紅圈、兩個藍圈，藍圈是驚奇指數大幅往下但未跌破中間值 -3.80（見**圖** 6.3b 的灰色橫線）；紅圈是大幅往下並且大幅跌破中間值，綠圈則是大幅往下之後接近中間值。由圖上的紅藍圈可以發現，只要驚奇指標大幅往下，股市皆有修正的空間，但只要不大幅跌破中間值 -3.8，基本上還可維持多頭的格局。

2011 年 6 月時指標的變動率領先股市落底，在美股於 8 月份大幅修正時，指標變動率反而大幅往上升，因此最終美股回到多頭的軌道。綠圈是股市接近金融海嘯後新高，因驚奇指標往下，花旗提出預警的時間，時間點約在 4 月底。最終 S&P 500 在 5 月 1 日最高點的 1,415.32 點，跌至 6 月 4 日最低的 1,266.74

圖 6.2 花旗驚奇指標跌至負值？驚恐破表？

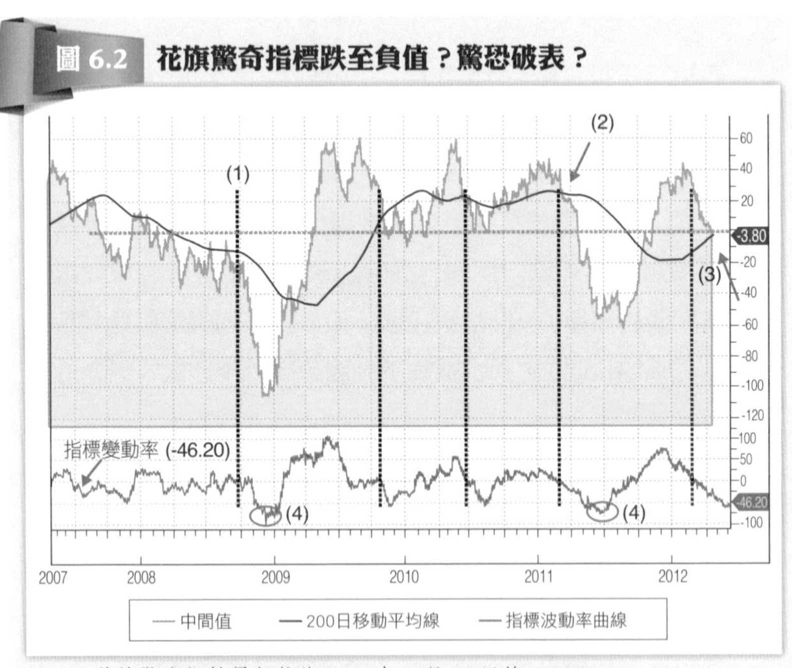

註：1. 花旗驚奇指數最低值為 2008 年 5 月 12 日的 -107.20
2. 花旗驚奇指數最高值為 2010 年 5 月 27 日的 59.00
3. 花旗驚奇指數的平均值為 1.32
4. 圖上 (1) 為指標波動率由正轉負的時間
5. 圖上 (2) 為上一次跌破 200 日移動平均線約在 2011 年的 2 月中時
6. 圖上 (3) 為指標跌破 200 日移動平均來到 -1.68 時
7. 圖上 (4) 為指數大幅下跌，並跌破中間值，讀者可對照圖 6.3a 的紅色圈圈所標示的位置

資料來源：zerohedge (2012). http://www.zerohedge.com/news/g-10-macro-data-plunges-worst-six-months-turns-negative

圖 6.3 花旗經濟驚奇指數與股市漲跌關係

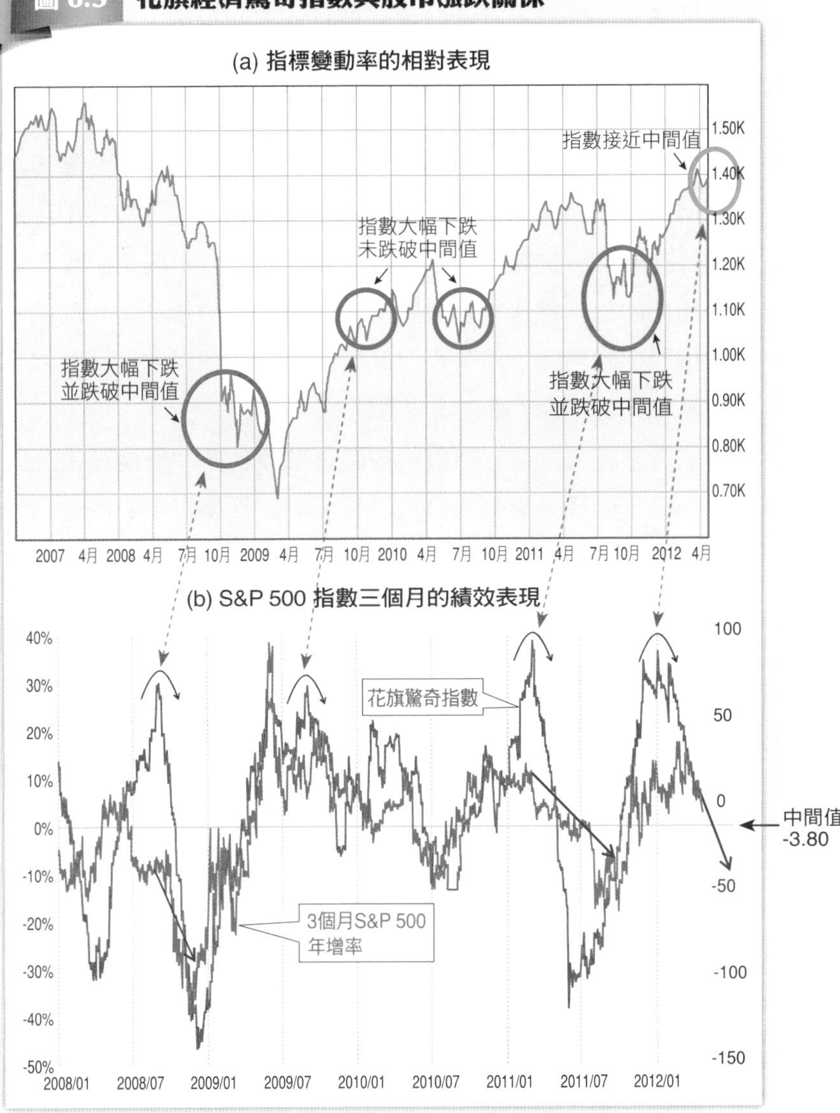

資料來源：(a) 雅虎財經（2012），http://finance.yahoo.com/；(b) zerohedge (2012). http://www.zerohedge.com/news/g-10-macro-data-plunges-worst-six-months-turns-negative

點，跌幅 10.5%（參見圖 6.3b）。

以圖 6.3b 來看，驚奇指標確實有參考的依據，尤其指標變動率的低點與股市的相對低點差距不遠。

這個原理很簡單，由於驚奇指標涵蓋包含 34 個重要經濟數據，如企業調查、勞動市場、資本支出、消費支出、金融等。因此當驚奇指標開始轉向時，往往代表已經有部分數據出現意料之外的變化。當驚奇指數由低點反彈時，表示開始出現部分優於預期的經濟數據，代表經濟有逐漸好轉的跡象；相反的，驚奇指標由高點往下時，表示逐漸出現弱於預期的經濟數據，代表經濟表現開始逐漸趨緩或者轉弱。

一般來說，當驚奇指數由高點跌破零值時，雖然股市已經下跌一段，但代表還有未跌段；相反的，當驚奇指數由低點往上突破零時，雖然股市已經上漲一段，但經濟表現還會持續熱絡，股市將延續多頭。由於驚奇指數與股市的相關係數僅達 0.62，因此不失為觀察股市與景氣的指標。只不過如果要用來判斷股市的高低點，以及判斷經濟未來的變化趨勢則會有不足之處。

高盛 CAI（當前活動指標）

許多人都會以 GDP 作為經濟好壞的評估，不過在使用 GDP 時必須注意其所存在的幾個缺陷：

1. 不夠即時：GDP 以季度為單位公布，且與實際的經濟活動相隔至少一個月。

2. **事後修正大**：因初期預估時的數據不夠完整，因此事後可能面臨較大的修正。
3. **部分項目造成短期數據變動過大**：例如貿易順逆差及庫存變動。

高盛推出 CAI（當前活動指標）的主要目的不是為了推估 GDP 的變化，而是希望比 GDP 能更即時、更真實地反映當前的經濟情況（**參見圖** 6.4）。其構成項目包含計算 GDP 的 24 個項目、其他實際支出的硬指標、來自調查的信心指標（軟指標如 ISM 採購經理人指標）；占有較高權重的則是在信心指標，主要是因為信心指標有領先性，可以彌補部分硬指標事後修正的統計落差。

對於投資人而言，高盛 CAI（Current Activity Indicator, CAI）只要能做到跟 GDP 變動方向相近，就有使用與觀察的價值，因當前活動指標會於每個月公布，在時效性上必將領先 GDP。不過，當前活動指標由於時間不久，因此**圖** 6.4a 是高盛採用迴歸分析的結果，從結果來看與美國 GDP 的表現確實具有顯著相關性，高盛更斷言 CAI 能夠較為精準的推估 GDP 的變化。

高盛本身似乎很滿意這個結果，不但鼓吹美國政府以此指標作為經濟觀察，還編列日本、歐洲，甚至世界的同時指標。以**圖** 6.4b 來看，根據迴歸分析的結果，其表現似乎與世界的經濟變化相符合，不過畢竟是新的指標，如果真要運用還是建議至少要再觀察一個景氣循環之後，才能確定是否準確。畢竟許多指標乍看之下很精準，但實際推出之後卻會發現與現實依然

圖 6.4 高盛 CAI 與 GDP 就業數據、全球經濟增長及 PMI 比較

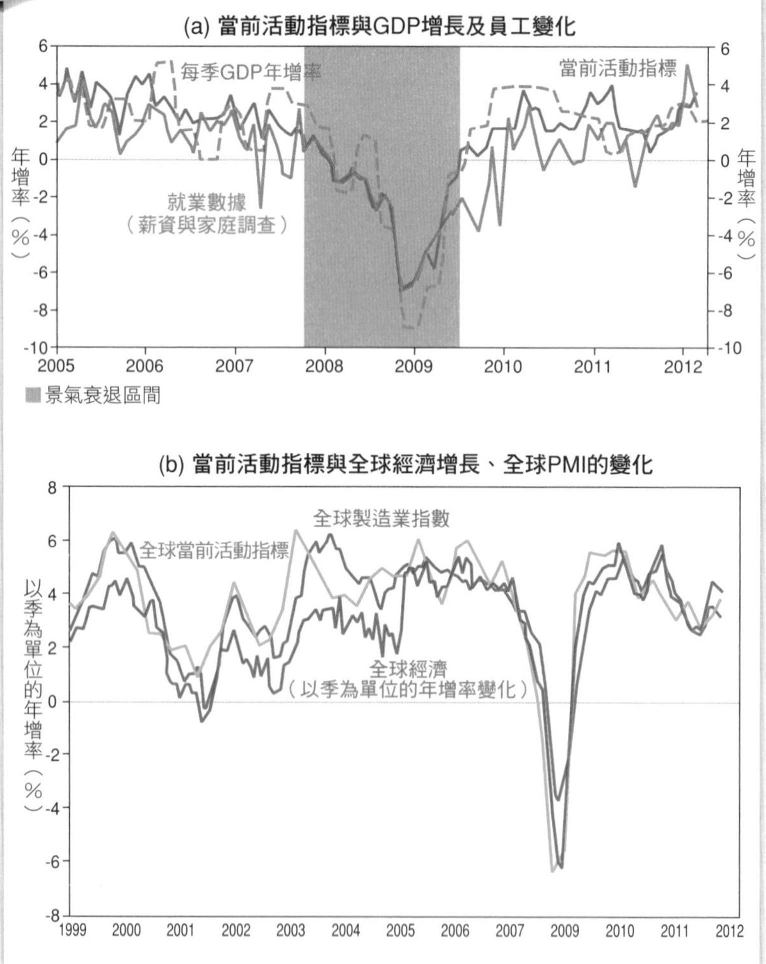

資料來源：(a)Business Insider (2012). http://articles.businessinsider.com/2012-03-14/markets/31162386_1_gdp-signal-measures; (b)pragcap.com (2012). http://pragcap.com/goldmans-current-activity-indicator-growth-continues

圖 6.5 **反轉向下的高盛 CAI**

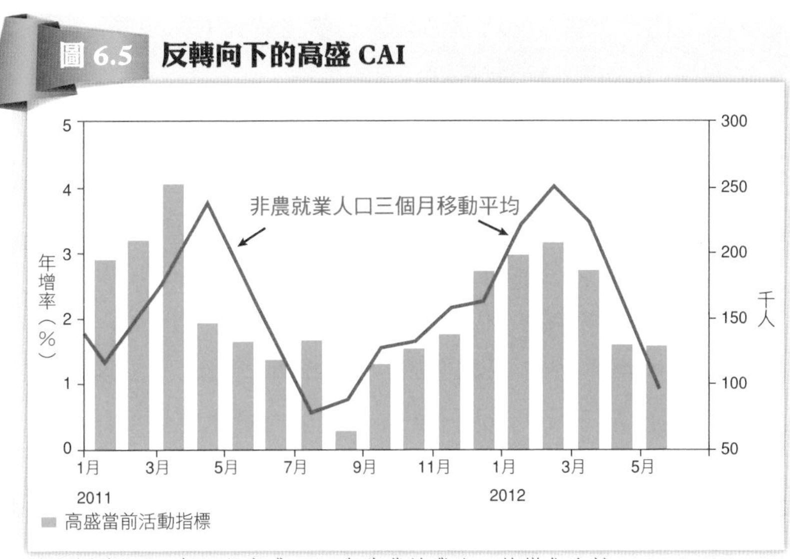

註：圖為 2012 年 5 月高盛 CAI 與非農就業人口的變化比較。

有段落差。以下舉圖 6.5 為例進行說明。

由圖 6.5 來看，美國第二季 GDP 增長恐跌至 1%，由於美國在人口自然增長下，美國 GDP 增長率須達到 1.8%，低於此一標準即使 GDP 依然增長但卻是實質上衰退，如果再搭配非農就業人口的變化，美國 2012 年第二季經濟表現確實相對疲軟。

匯豐 RORO 指數

Roro 指標（Risk on, Risk off，**擁抱風險或者遠離風險**），並非用於判斷市場的行情，而是評估各種資產之間的風險相關性。如果 Roro 指標走高，表示相關性走高、反之走低；如果 Roro 指標走高，代表投行及投資人想要藉由分散投資來降低風險，難度將大為提高，因為各資產的價格變動方向相同，從圖 6.6a 來看，Roro 指標似有長期往上的趨勢。

如果把經濟衰退的期間加入觀察，過去 Roro 指標長期在 0.3 以下，兩次大幅超越 0.3 的時間點是在 2003 年以及 2008 年以後（**參見圖 6.6a**），兩個時間點的經濟危機的發源地都是在美國，分別是納斯達克網路泡沫及次貸海嘯，美國聯準會則在危機發生後，將聯邦基準利率下調至歷史低點。

2003 年 6 月 25 日聯邦基準利率被調至 1.0%；2008 年 12 月 16 日再度創下歷史低點 0.25%，而後的量化寬鬆政策更把指標帶到歷史高點。我們可以這樣說，當利率下調使資金愈加寬鬆時，由於資金的四處流竄將使得多數的資產同步受到推升，增強相關性。以美國為例來看，目前美國並非是經濟穩定成長且低通膨所造成的股市、債市同步上漲，而是由於經濟疲弱且身處通縮危機下，美國聯準會降低中長期政府公債殖利率的政策，導致證券、高收益債等價格大漲（讀者可以參照第 4 章〈貨幣比你想的更重要〉的「物價東西軍」一節），其中那斯達克指數甚至突破 2008 年的高點，未來一旦美聯會開始收縮資金時，恐將導致股債雙跌，屆時能夠規避風險的或許只剩美元、日圓及 VIX ！ 2013 年 5 月 22 日柏南克在國會聽證會上釋出降低量化寬鬆的言論，此期間 MSCI 世界指數 1 個月下跌超過 8%；MSCI 新興市場指數 1 個月下跌超過 15%；巴克萊高收益債 ETF 約 1 個月的時間下跌 6%；美國 10 年期公債殖利率由 2.05% 約 1 個月上升至 2.6%，而此期間什麼表現的較好呢？VIX 指數 1 個月的時間從 13.82 上升至 20.11；另外，美元對多數國家貨幣呈現升值的走勢。VIX 指數是波動率的指數，下跌時波動率會大增，國際局勢相對緊張時美元亦是重要的避險標的，因此以上兩者上揚是容易理解的。

日圓跟進美元大量寬鬆的舉措，一直以來被大家預期為財政上會出現問題，且其貨幣會貶值，然而在世界股債同時下跌的恐慌中，日圓之於美元反而升值，從 5 月 22 日的 103.19 日圓上升至 6 月 14 日的 94.17 日圓，很重要的原因在於日本民間擁有大量的海外資產，因此當民間因局勢緊張的壓力下，大量的資金回流，導致日圓反向升值，換句話說，投資人在實務上採用美元避險是相對優於日圓。讀者要留意聯準會降低量化寬鬆對於市場的衝擊尚小，最嚴重的是當聯準會快速的升息時的緊縮壓力，這對新興市場衝擊相當大。

如果只把美國的經濟衰退加入觀察（**參見圖** 6.6c），RORO 指標走高突破 0.3 之前，美國皆發生過經濟衰退，如果再把**圖** 6.6b 與**圖** 6.6c 兩者相比較，可以發現 RORO 指標會屢次創新高的原因都與美國經濟衰退有關，而 RORO 指標之所以能夠在 2002 年之後不斷的創下新高，這些當然都與美國貨幣政策愈來愈寬鬆有關，尤其是美國在網路泡沫之後，大幅的降息導致後來的房地產泡沫；此外，金融海嘯後柏南克多次的 QE 動作，大幅擴大資產負債表，美國在將資金回收之前，各風險資產的價格連動性將很難下降。2003 年之後，美國經濟開始恢復，並於 2004 年開啟升息循環時，RORO 指標才回到以往正常的區間。金融海嘯之後，柏南克開啟聯準會前所未有的寬鬆政策，再把 RORO 指標帶到前所未有的高點，這是讓未來避險標的較過往

圖 6.6 匯豐 RORO 指標

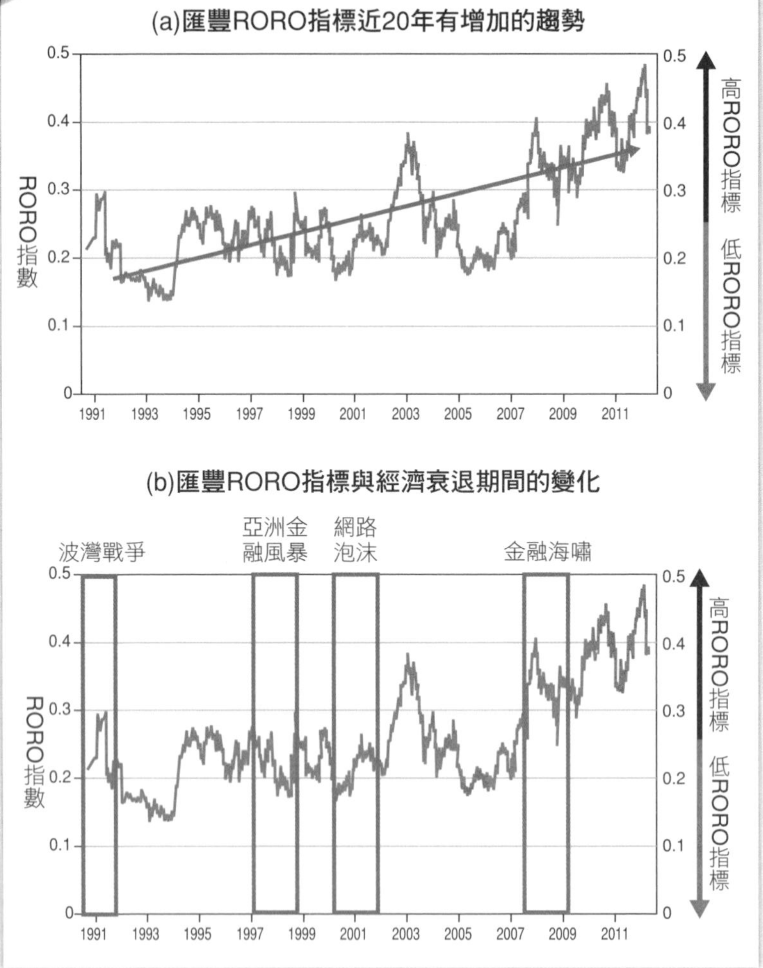

(a)匯豐RORO指標近20年有增加的趨勢

RORO指數

高RORO指標

低RORO指標

(b)匯豐RORO指標與經濟衰退期間的變化

波灣戰爭

亞洲金融風暴

網路泡沫

金融海嘯

RORO指數

高RORO指標

低RORO指標

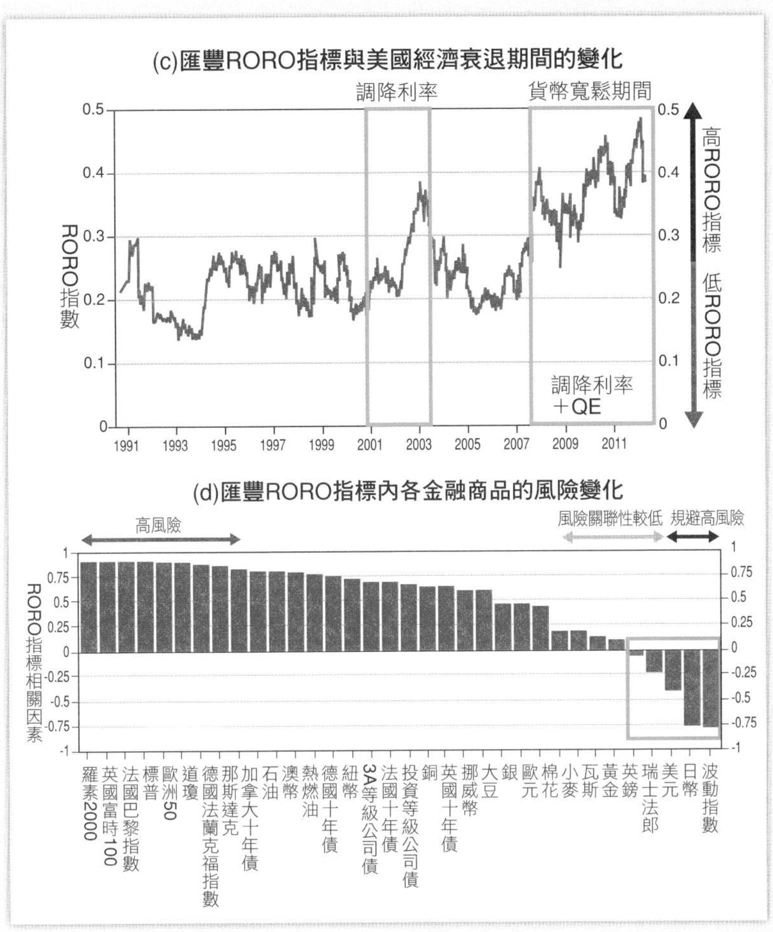

資料來源：(a)http://www.portfolioreviewonline.com/index.php?issue=12&article=93; (b)http://www.portfolioreviewonline.com/index.php?issue=12&article=93; (c)http://www.portfolioreviewonline.com/index.php?issue=12&article=93; (d)HSBC (2012). Bloomberg.

降低的重要原因，可見國際對於美國以鄰為壑的貨幣政策有所質疑並非沒有道理。

從圖 6.6d 可以發現，歐美股市、美、德、法政府公債以及投資等級的公司債都屬於風險較高的資產，目前風險較低的是部分原物料商品，未來能夠規避風險的則是反而是持有貨幣，如英鎊、瑞士法郎、美元、日圓。不過如果參考各國的經濟狀況，還是應該以美元為首選，另外較保守的投資人如果擔憂通膨的出現可以選擇的就是圖 6.6d 沒有列出的抗通膨債券 TIPS❶。

換個方式說，RORO 指標的走高代表愈來愈多的資產進入這場 party 歡樂，想要安全的離開 party，除了要在 party 結束之前離場以外，更要確保自己走對門，過往美國政府公債確實是對沖股市風險的重要投資工具（見下節〈三隻小豬〉），然而這次如果是走美國政府公債的門，可以肯定絕對不是離開這場 party 的方式。另外，RORO 指標並非固定不變，因此讀者可以留意追蹤其指標的變化。

❶ 抗通膨債券（Treasury Inflation Protection Securities, TIPS）是美國於1997年首度發行，其票面利率與到期日跟一般債券一樣發行時立即固定，每年付息兩次，而價格以及利息每年根據通貨膨脹進行兩次的調整。由於利率可以追隨物價上漲，因此可以避免通膨侵蝕購買力，不過最大的風險在於當利率上升但通膨不變或者反向下跌時，抗通膨債券價格的下跌幅度將大於同期的美國政府公債。

6.3 三隻小豬玩股債——股債循環

英國有一個著名的童話〈三隻小豬〉。有一天，三個兄弟決定要蓋自己的房子，懶洋洋豬大哥隨便蓋了一個草屋，二哥則較為勤勞的蓋了一棟木屋，小弟則是非常認真地花了很長的時間蓋了一間磚屋；此時大野狼出現了，三隻小豬分別躲進自己的屋子裡，大野狼用力吹一口氣就把大哥的草屋給摧毀，大哥馬上逃到二弟的木屋；大野狼追上來後，用力地一推，木屋就倒了；大哥跟二哥就趕緊跑到小弟的磚屋裡頭，大野狼再度追了上來，不過任憑大野狼怎麼衝撞都無法撼動磚屋，最後只好悻悻然離開。

大部分投資人的刻板印象是股市不好的時候要投資債券，但債券與股市之間的關係是否真的如同蹺蹺板的兩頭般，這麼的簡單？在投資的道路上，我們不能只用印象去做決定，而是應該藉由過去歷史的實證經驗來推導出正確的操作策略。當然，歷史經驗並非完美無缺，總是會有「黑天鵝」的出現，不過如果藉由嚴謹的邏輯推論，再加上歷史經驗的佐證，將可以讓我們犯錯的機會降低。

在討論債券時須先認識債券：

1. 票面利率、殖利率與債券價格：

(1) 票面利率：關係到債券發行人應付出的利息多寡，如100萬的債券，票面利率5%，以年作為支付，表示債券發行人每年應付出 5 萬的利息。

(2) 殖利率：購買債券的人所收到的利息，加上到期購買債券時付出的金額，與可回收的本金所產生的資本利得或損失，換算成現值做加總所得出。

(3) 債券價格：購買債券的人所支出價格高低會牽扯到計算出的殖利率高低，兩者呈反向的關係，債券價格愈高殖利率愈低。

2. 債券的種類：

(1) 發行的主體：政府公債（主權、地方政府）、金融債券、公司。

(2) 以評等區分：投資等級（BBB 以上）、非投資等級（含 BB ＋以下）。

不管債券發行的主體及評等為何，債券價格與殖利率的關係皆不變。雖然理論上只要債券發行的主體不違約，那麼投資債券基本上並不會賠錢（在排除匯率影響的情況下），只有獲利的多寡而已；但不管是持有至到期，或者是視金融狀況做調整，影響債券投資收益的最重要的因子就是買進債券的價格。從反面來說就是殖利率的高低，也就是殖利率愈高者，買進的價格就低；相反地，殖利率愈低者，買進的價格就高；如果在殖利率高時買進，等到殖利率變低時賣出，不但賺了利息還賺了價差，其收益性並不低於股票；相反地，當殖利率價格低時買進，在殖利率價格高時賣出，其利息的收入可能不僅無法攤平資本的損失，所造成的虧損還很可能不小於股票。因此，**債券的買賣最重要的是買進的價格，以及其相對應的殖利率。**

債券價格停看聽

影響債券價格的原因有：

1. 內在因素：
   (1) 存續期的長短：到期日愈短，對於利率的敏感性愈低。
   (2) 票面利率：票面利率愈高，債券價格愈不易下跌。
   (3) 個別企業風險：倒債風險愈高，信用評等愈差，債券愈容易下跌。
2. 外在因素：
   (1) 物價水準：物價水準愈高則需相應較高的殖利率。
   (2) 利率水準與經濟狀況：當經濟表現較為疲弱時，央行在貨幣政策上將較為寬鬆，以引導利率下跌，此時信用評等較高的企業或經濟體將享有較低的殖利率水準。
   (3) 各評級的殖利率差距：當經濟轉向成長，倒帳的風險將會降低，市場的資金的風險偏好將會增強；因此，信用評等較低而殖利率較高的標的，與信用評等較高但殖利率較低的標的，兩者之間的利差將會縮小。

如上所述，債券價格的影響因素受內外在環境所制，而什麼是債券存續期間（duration）？所謂的債券存續期間，指的是「投資債券的回本時間」。藉由利息的再投資，債券投資的回本時間將小於債券的到期時間，如票面利率愈高的債券其存續期間較短。

至於殖利率變動是如何對債券價格產生影響？而存續期間

圖 6.7 債券存續期間的定義

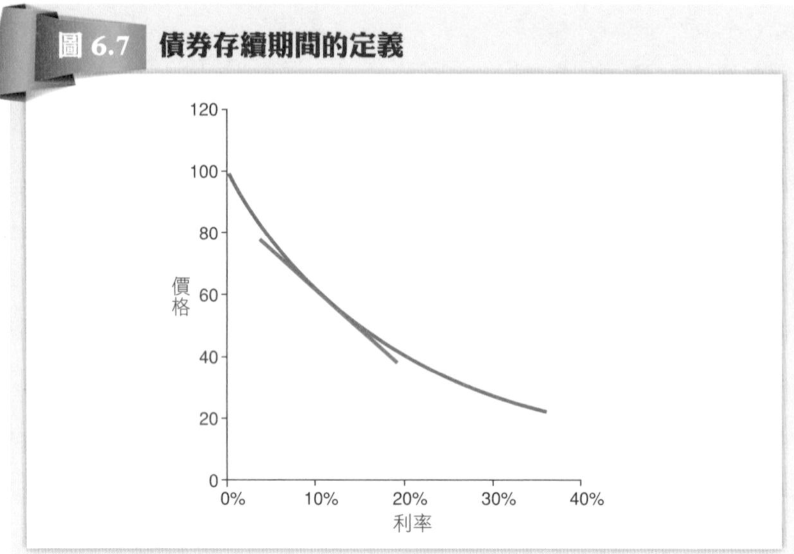

資料來源：FRN's & negative duration (2009). http://www.thisisthegreenroom.com/2009/frns-negative-duration/

正好是衡量債券對於利率敏感性的指標，可以看出每單位利率的變動使債券價格產生多少百分比的變化。假設一公債存續期間為 10 年（**參見圖** 6.7），公債殖利率每變動 1 個百分點，則公債價格間會出現 10% 的變動率（1%×10 ＝ 10%）；由此可知債券價格的敏感度受存續期間長短所影響，存續期間愈長，當殖利率變動時，其價格的敏感度愈高。

債券殖利率怎麼看

以下我們將為讀者介紹如何觀察各信用等級的債券殖利率及股票之間的變化（**參見圖** 6.8）。觀察的區間是從 1997 至 2012

年，中間歷經 2000 年的網路泡沫與 2008 年的金融風暴；紅色是美國 10 年期的政府公債殖利率；綠色是美銀美林編列的具投資等級美國公司債（BBB 以上）以上殖利率；橘色是美國高收益公司債（或稱作垃圾債，評級為 BB 及 B）殖利率。

雖然美國在 2011 年被標普將主權信用評級由 AAA 調降至 AA+，但不管如何美國債券違約的機率依然非常的低，三種公債的殖利率關係為：

美國 10 年期政府公債殖利率＜具投資等級美國公司債殖利率＜美國高收益公司債

再來觀察殖利率的變化（**參見圖** 6.8a），兩次風暴發生時，美聯儲都採用降息的策略，再加上美國公債往往成為資金規避風險的商品，因此風暴發生時殖利率皆往下，也就是債券價格皆往上。投資等級的公司債在 2000 年網路泡沫發生時殖利率往下走，但在 2008 年的金融風暴時卻往上走。

由**圖** 6.8a 的兩個紫色框框可以發現，高收益公司債在兩次風暴中，都出現殖利率大幅上漲，也就是債券價格出現大跌；投資等級的公司債則是在 2008 年時出現殖利率降低，債券價格大跌；因此，如果投資的標的是公司債，不管是否是投資等級皆應該優先避開，而轉往政府公債。

如果再觀察灰色的框框（**參見圖** 6.8a），當經濟穩定發展時，不管是投資等級或非投資等級，與美國政府公債的利差都會較風暴發生時大為縮小；另外，由於 1997 年至今美國公債的殖利率長期趨勢往下，因此兩種不同評級的公司債的殖利率也

圖 6.8 不同風險的債券商品殖利率變化

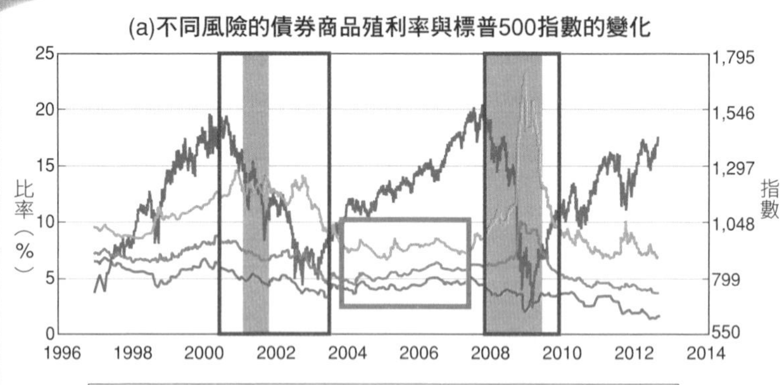

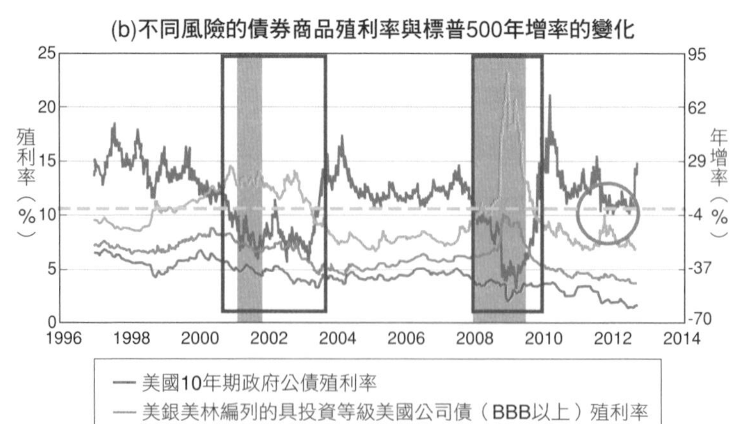

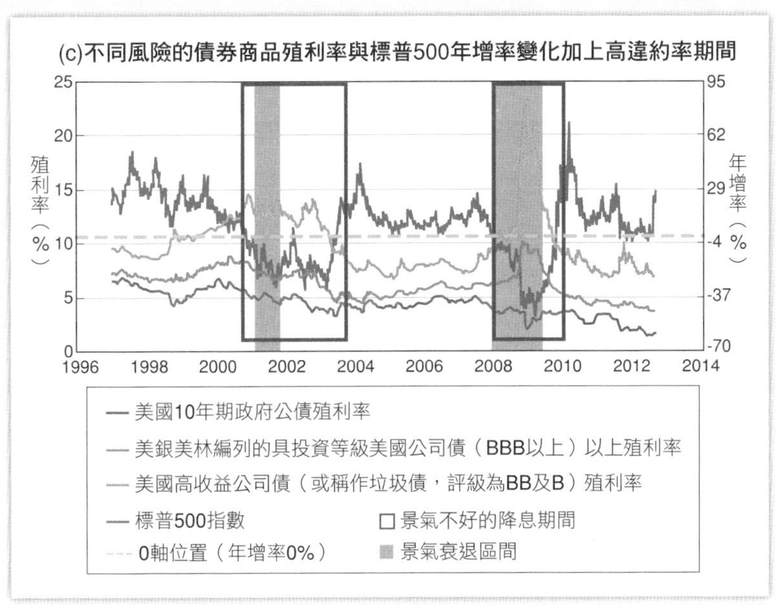

資料來源：FRED (2012).

有往下的趨勢，資金會在利潤以及風險之間做衡量，如果風險降低是為了追求較高的利潤，資金將會轉往殖利率較高的公司債，使公司債與公債之間的利差縮小（評估風險的方式一般根據違約率，這容後再說明）。

如果把 S&P 500 指數變成年增率作為觀察，**圖 6.8b** 綠色虛線以下年增率為負，當股市開始下跌反映基本面變差時，高收益債的殖利率都會往上走，兩者之間呈現明顯的負相關，2011 年 8 月美國被標普降評之後，美國股市出現大跌，高收益公司債殖利率出現較大的反應，投資等級的公司債表現尚稱平穩，美國 10 年期公債殖利率則再度往下。

我們從**圖** 6.8 可以發現，高收益債對於市場的景氣與風險的反應較為激烈，就像是三隻小豬裡頭大哥的草屋，是違約風險大幅的高收益公司債的淨值，因此當市場不穩定時，資金就會馬上逃出，也同時造成高收益公司債的殖利率變動幅度較大；投資等級公司債雖然較為穩定，但未必真的能夠如此安穩，就像第二隻小豬的木屋一樣；表現較為堅實的就是美國政府公債，在遇上景氣的逆風時，公債價格會上漲，殖利率會降低。

圖 6.8 所列出的是美國聯邦政府公債，並不包含美國地方政府，由於美國地方政府可以申請破產；也就是說，有財務風險的地方政府，對於投資人來說其風險並不小於公司債，這就像投資的區域是如希臘、阿根廷或其他新興市場等。當出現金融市場危機時，不只是公司債，包含其政府公債皆不適合投資，甚至由於可能會出現貨幣大貶的危機，除了退出債券市場以外，也應該轉往貨幣較為穩定與安全的地方。而當國際經濟變得不穩定時，美元與美國政府公債會因為資金的避險需求而升值。

高收益債最重要的風險評估是在違約率（**參見圖** 6.8c），一旦債務人違約，債權人往往會在本金上出現較大的損失。根據統計，當企業破產違約時高收益債回收率約 30%；換句話說，當高收益公司債出現違約事件時，本金折損的比率平均高達 70%，而投資等級的公司債折損率約 50%。一般來說，信用評等愈低的企業，違約可回收的比率也就愈低，當然只要收益率夠高，也就是殖利率夠高，不但可以彌補部分企業違約所造成的損失，甚至可以從中獲利。長期的統計顯示，美國年度企業的違約達 4%，如果觀察高收益債的違約率，可以發現當經濟表現較為穩定時，違約率約在 2.5% 左右，但當景氣不好的時候，違約率就會快速的增加，2002 及 2009 年時的違約率一度超過 10%。

再舉**圖** 6.9 進行說明。**圖** 6.9a 是違約率，**圖** 6.9b 則是利差。景氣變好時公司的違約率將會降低，而原本較高的殖利率會讓投資人在扣除部分企業倒閉風險之後，可以獲得相對較高的利潤，資金將從公債轉往公司債，使得公司債與公債兩者之間的利差得以縮減，因此我們可以得到結論，當違約率維持 3% 以下時，此時總體經濟表現也在相對穩定階段，公債與公司債之間的利差也將會縮小，投資人可以適時的做資產配置。

此外，其他影響公司債價格的原因尚有：

1. 通膨：當經濟成長使得通膨溫和增加時，由於公債的收益率較低，為了避免收益被通膨所侵蝕，因此資金會從公債撤出轉往殖利率較高的公司債，也會造成公司債的需求增加。
2. 經濟成長率：當經濟走向正成長的時候，企業的業務以及獲利能力將有所提升，相對的違約風險將會減輕，2011 年美股會出現大跌，除了標普對美國的降評以外，另外就是美國商務部於 7 月 29 日公布的初步數據，公布美國二季度經濟增幅為 1.3%，此數據低於市場預期，也使得當時高收益公司債殖利率出現上揚。
3. 企業財務與營利：整體企業獲利能力的提升，有助於企業還款，還有降低負債比例、提高利息保障倍數，也可

圖 6.9 美國高收益債券違約率

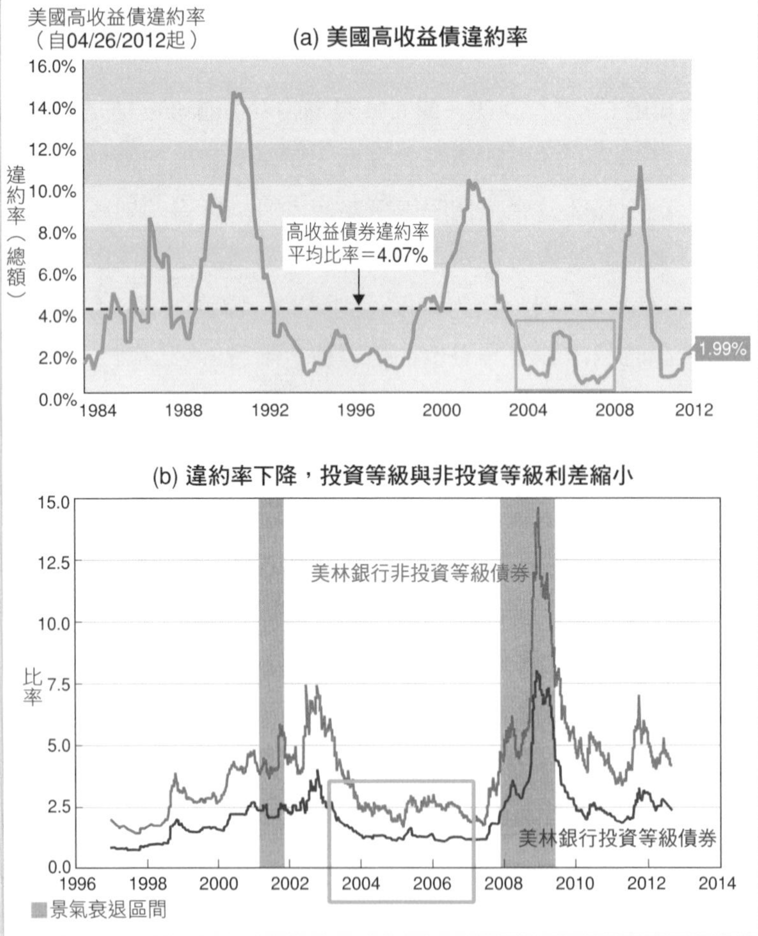

註：當違約風險降低時，投資等級與非投資等級利差縮小，綠色框表示同一時期。

資料來源：(a) 穆迪投資人服務（2012）。JP 摩根 https://www.lordabbett.com/advisor/commentary/marketview/043012/；(b) FRED (2012).

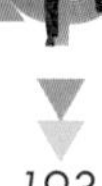

降低違約事件的發生。

債券價格、殖利率、經濟成長率、通膨，以及包含其他經濟數據等，都環環相扣且彼此影響，因此在操作債券投資時必須觀察整體金融環境的變化。接下來我們將探討的重點擺在如何操作上。

債券投資策略建議

除了上述的圖表以外，我們再舉債券信用利差（薛立言、劉亞秋，2009）進行說明。表 6.1 中分別有 AAA 及 BBB 兩種信用評等的債券，當景氣步入衰退時，AAA 與 BBB 兩種債券的信用利差皆同時擴大，但 AAA 債券的利差擴大的幅度低於 BBB 債券；換句話說，AAA 債券的債券價格跌幅較 BBB 債券來得小，因此投資人可以先進入 AAA 債券當避風港；相反的，當景氣由低迷轉到繁榮時，BBB 債券利差縮小的幅度大於 AAA 債券，買進的 BBB 債券將因債券價格的上漲，獲得的資本利得較 AAA 債券來得高。

除了薛立言、劉亞秋（2009）的建議外，筆者再做以下兩點的補充：

1. 須有精準的景氣判斷：必須在景氣轉折之前就先行債券的品質交換，不然至少要在轉折初期，尤其是高收益債券的投資。等到違約事件大幅發生時，高收益債券的基金淨值也會迅速下跌，此時賣出可能已經接近相對低點

表 6.1 景氣變化下的債券投資策略

不同景氣情況下的債券信用利差			
	景氣繁榮	景氣低迷	變動幅度
AAA 債券	50 bps	90 bps	40 bps
BBB 債券	250 bps	370 bps	120 bps

【利差變化下的投資建議】

1. 景氣低迷時，BBB 債券的信用利差擴大幅度（120 bps）超過 AAA 債券。此時應賣出 BBB 債券，買入 AAA 債券。
2. 景氣繁榮時，AAA 債券的信用利差縮小幅度（40 bps）低於 BBB 債券。此時應買入 BBB 債券，賣出 AAA 債券。

資料來源：整理自薛立言、劉亞秋（2009）。《債券市場概論》。台北：華泰文化。

的位置了。

(1) 景氣的轉折：一種為了抑制過熱的景氣央行所進行的調控行為。景氣過熱時央行會迅速升息，導致公債殖利率上升，當公債殖利率在相對高的水位時正式公債價格相對低的時候，過高的利率將會使企業與消費的能力下降，造成景氣轉向趨緩時，央行便必須降息，而央行降息將導致公債殖利率下降，相對的，公債價格就會往上提升。

(2) 品質的交換：把低信用評等的債券轉換到高信用評等的債券稱之。公債往往擁有較高的信評，但要留意不是公債都擁有高的信評，必須選擇財政較為健全的國

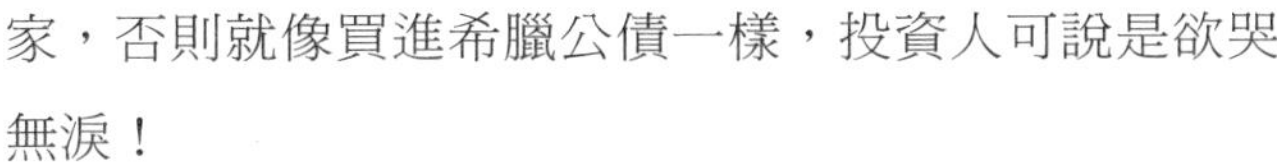

家，否則就像買進希臘公債一樣，投資人可說是欲哭無淚！

2. **定存替代**：除了信評較高的政府公債以外，大部分的公司債在金融狀況不穩定時，債券價格有非常大的機會產生下跌，如果沒有考慮買進政府公債，資金於抽回來之後，可採用定存的方式規避債券價格下跌的風險，定存的金額則低於存保機制的上限，此方式是最安全的規避風險作法。

投資人去銀行最常聽到的就是資產配置，強調的是在不同的景氣或者不同年齡時，藉由股票與債券基金不同比例的配置，來降低整個部位淨值變動的大小，並獲得相對穩定的收益。

接下來我們觀察兩個 ETF（指數股票型基金）的走勢。

圖 6.10 是以巴克萊高收益債券 ETF 與 S&P 500 ETF 走勢圖做比較（在這裡僅為舉例，並沒有推薦個別基金）。從 2009 年 4 月至 2012 年 3 月，雖然 S&P 500 ETF 大多數的表現小幅落後於高收益債 ETF，然而兩者間的報酬率卻相差無幾；高收益債可以獲得類似股票的高報酬，但相對的風險來臨時，面臨的修正同樣未必低於股票，所以在做資產配置時，增加高收益債券的比例並無法有效的降低系統風險，而是應該配置美國政府公債，其表現與股市為負相關時才能夠進行風險的對沖。歷史上有發生過股債雙漲或股債雙跌的情形，因此美國政府公債是否能對沖風險，還是需要衡量當時的經濟情勢。

國人在投資時通常喜歡能夠配現金的金融商品，高收益債券的配息率較高於股票型基金，適合有配息需求的人，在景氣

圖 6.10 高收益債 ETF 與標普 500 走勢圖

資料來源：MoneyDJ 理財網（2012）。檢索自 http://www.moneydj.com/etf/ea/et010001.djhtm?etfid=JNK，或 http://www.moneydj.com/etf/ea/et010001.djhtm?etfid=spy

上升的同時，投資人可以適當的配置部分的高收益債，除了可以獲得較高的配息率外，也可享有不低於股票的報酬率（配息會扣除淨值，因此以還息之後的報酬率為主）。

6.4 殖利率曲線—— Time to Say Goodbye

在提到所謂的殖利率之前，先談談德國著名的拳擊手亨利．馬斯克（Henry Maske）與世界名曲《告別時刻》（*Time to Say Goodbye*）的故事。它是一首結合流行音樂風格的歌劇樂，最早在 1995 年由盲人歌手安德烈．波伽利（Andrea Bocelli）在義大利聖雷莫音樂會演唱。亨利．馬斯克則是德國的輕重量級的拳擊手，由於十次衛冕冠軍再加上紳士的形象，成為當時德國最著名的運動員，熱愛音樂的馬斯克常常為自己的拳賽選音樂，1996 年當馬斯克準備為引退打最後一戰時，請來曾經為他的拳擊比賽演唱過《事關榮辱》（*A Question of Honour*）的歌手莎拉．布萊曼（Sarah Brightman）與安德烈．波伽利，為其「引退賽」演唱 *Time to Say Goodbye*，由於當時對手不強一般都看好拳王馬斯克將會贏得比賽，未料馬斯克卻意外輸掉比賽，當他為自己的敗仗登台謝幕時，*Time to Say Goodbye* 的歌聲響起，全場觀眾為之動容。

殖利率曲線就像這場謝幕賽一樣——「黑天鵝效應」告訴我們，非常不可能發生和無法預測的事件，存在於世界上幾乎每一種事物之中，往往出乎於意料之外。殖利率曲線圖（**參見圖 6.11**，圖的縱軸為殖利率；橫軸為到期日）是指相同信用評等的債券，以不同的到期時間點，於相同的時間點內，將短天期與長天期相連接起來，即為**利率期限結構**。

關於利率期限結構的理論有下列三種：

1. 預期理論
2. 市場區隔
3. 流動性偏好

殖利率曲線與其負斜率時間點

關於各個利率期限結構的理論不再贅述，不過殖利率曲線變化，是觀察經濟變化很重要的指標，一般在正常的經濟結構下，長天期的債券利率會高於短天期，殖利率曲線會形成正斜率（圖 6.11a）；如果經濟持續溫和的成長，使得通膨溫和的增加，長天期利率則易受到通膨的影響上升，此時央行會開始稍微緊縮貨幣，進而同時推升長短天期的利率，由於長短天期同時上升，殖利率曲線將維持正斜率（圖 6.11b）；當景氣逐漸過熱時，使得央行逐漸加快利率提升的速度與幅度，而短天期利率一般較易受到央行利率的影響，當短天期的利率持續上揚，終將使得殖利率曲線走平（圖 6.11c）；當市場認為經濟即將反轉，預期未來通膨將降溫，由於長天期債券對於通膨的敏感性較高，使得長天期的殖利率出現下降並造成負斜率（圖 6.11d）。

當殖利率曲線變成負斜率的時候，市場將面臨的就是信用緊縮。由於銀行吸收存款即為付出較短天期的資金成本，企業再以較長天期的利率水準代價去跟銀行做借貸，銀行則可以在這長短天期之間的利差賺取獲利，因此當殖利率開始走平時，銀行利差的水準將會降低，銀行放款的誘因也會走低；當殖利

圖 6.11　殖利率曲線四種走勢圖

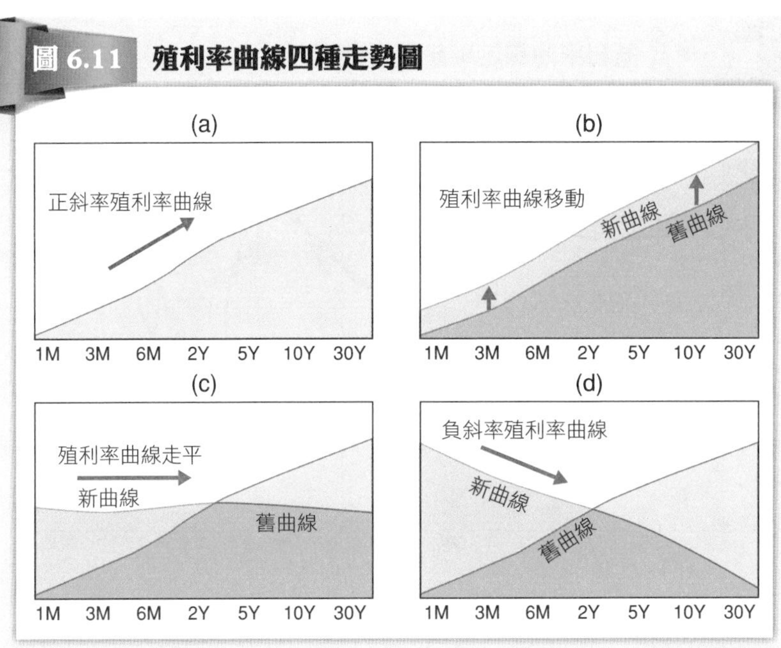

資料來源：UrbanDigs.com (2012). http://www.urbandigs.com/2006/03/the_yield_curve.html

率曲線轉為負時，由於銀行不再從長天期的放款中獲利，因此不願意對企業進行長天期的放款，信用市場的緊縮也將使得企業缺乏資金去擴充業務，讓景氣出現反轉；所以，殖利率曲線是很重要的領先指標。

由於殖利率曲線反轉是非常重要的逃跑訊號，使得國際投資人都會留意殖利率曲線的變化。美國是全球重要的經濟市場，也是全球經濟的火車頭，美國經濟如果轉弱通常都代表國際經濟將反轉，加上美國公債信用與流通性佳，因此對於殖利率曲線的觀察多以美國為主（**參見圖** 6.12），以下舉幾個例子說

圖 6.12 殖利率曲線走平是重要警訊

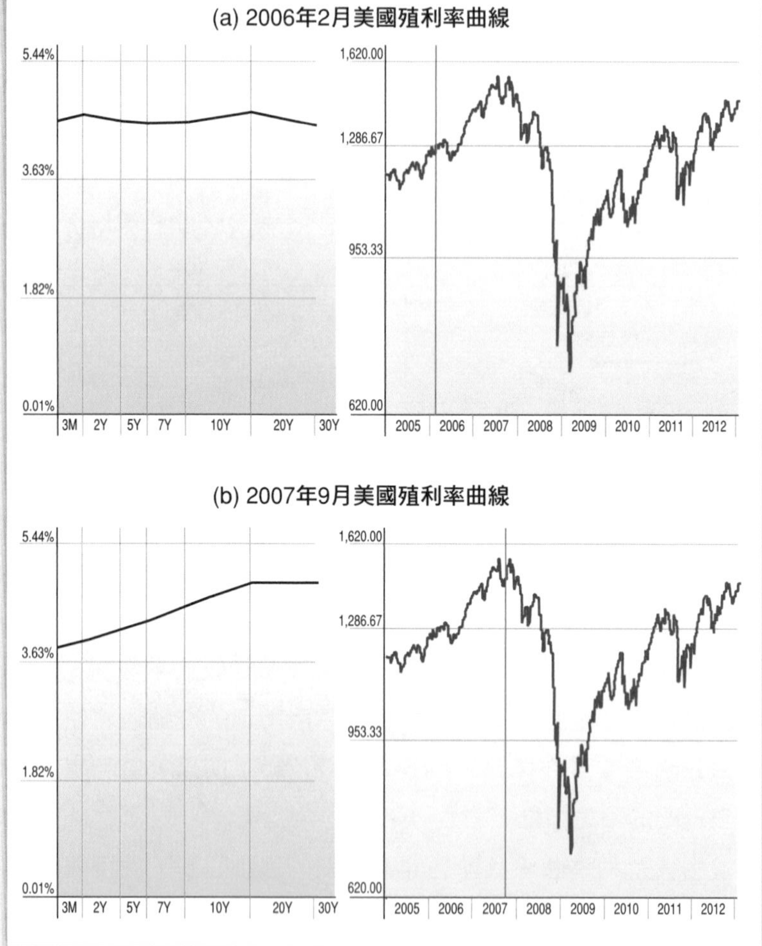

(a) 2006年2月美國殖利率曲線

(b) 2007年9月美國殖利率曲線

資料來源：stockcharts (2012). http://stockcharts.com/freecharts/yieldcurve.html

明。

殖利率曲線走平，最近的例子出現在 2006 年，從圖 6.12a 可以看到 2006 年 2 月 17 日殖利率曲線就已走平，雖然 S&P 500 指數之後還走了 1 年多的多頭，不過當時美國房地產卻已經出現泡沫破滅的現象；2007 年，由於房地產價格持續下跌，市場上出現大量法拍屋，即便股市並不理會此一反轉訊號，尚連續兩次上漲突破 1,500 點，並創下歷史高點 1,576 點，直到 2007 年 9 月 27 日，聯準會開啟降息循環之後，殖利率曲線才開始恢復正斜率。聯準會的降息等於是為股市投資人拉起最後的警報，標普 500 終因景氣的衰退而迅速下跌。

從歷史的經驗來看，殖利率走平或者變為負斜率時，距離景氣衰退皆已不遠，其表現甚至領先於股價，我們再看看以下三個例子，分別是**第二次石油危機、波灣戰爭、網路泡沫**（**參見圖** 6.13），再分別搭配 S&P 500 於此三個時期的表現，可以發現當負斜率出現之後，景氣會在 1 年左右出現衰退的表現（圖中的灰色柱狀代表衰退區間），不過由於殖利率曲線反轉時間較股市來得早，理應有時間進行退場的動作。所以當殖利率曲線變成負斜率時，將是 *Time to Say Goodbye* 來臨的時刻。

亨利．馬斯克在告別賽 10 年後，於 2007 年 3 月 31 日復出，擊敗告別賽當年輸掉的對手，而那時他已是接近 43 歲的運動高齡。經濟總會榮枯循環，當風險來臨時選擇退場，避開市場無情的下殺後，才有實力可以在景氣轉佳時依然活躍在市場之上。

我們把殖利率曲線出現負斜率，以及之後的股市變化拿出來觀察與比較。

圖 6.13 殖利率曲線負斜率時間點

(a) 近五次殖利率曲線負斜率時間點與金融事件

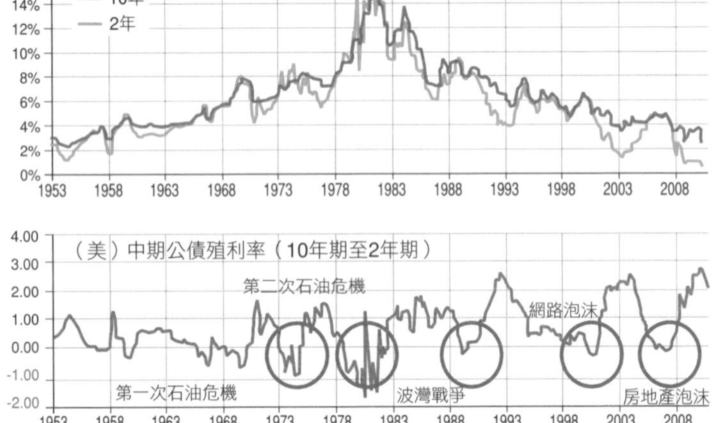

(b) 二次石油危機前殖利率曲線多次變為負斜率，
美國經濟在短短的時間內歷經兩次衰退

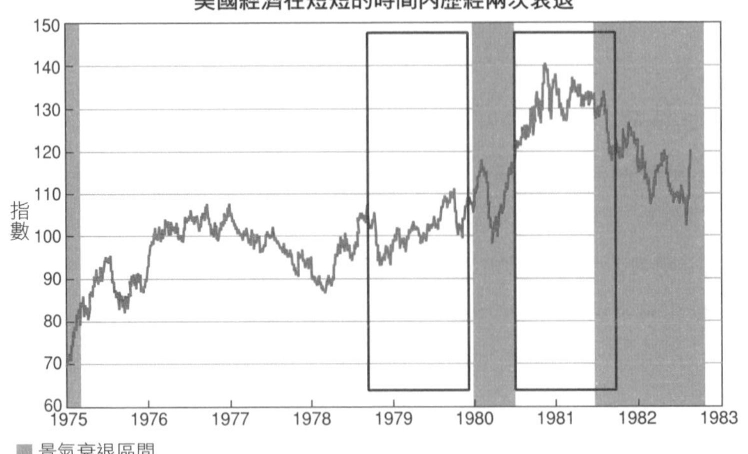

(c) 波灣戰爭前，殖利率曲線短暫出現負斜率，約一年後美國經歷一次衰退，緊接著因波灣戰爭帶動的需求讓經濟與股市獲得回升

指數
400
360
320
280
240
200
160
120
1983 1984 1985 1986 1987 1988 1989 1990 1991 1992

■ 景氣衰退區間

(d) 網路泡沫之前，殖利率曲線也一度轉為負斜率

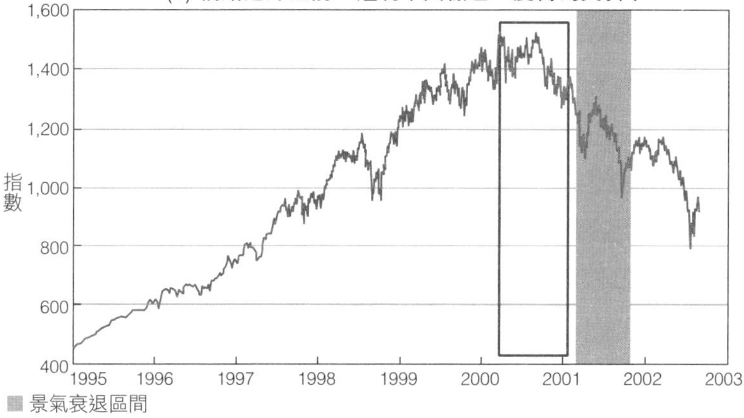

指數
1,600
1,400
1,200
1,000
800
600
400
1995 1996 1997 1998 1999 2000 2001 2002 2003

■ 景氣衰退區間

註：圖中的藍色框表示負斜率出現的時間。

資料來源：(a)Seeking Alpha (2012). http://seekingalpha.com/; (b)(c)(d)FRED(2012).

殖利率曲線的功能與種類

殖利率曲線有其功能與種類（**參見圖** 6.14），其主要功能在於其利於評估債券價格與風險管理，使債市透明化，有助於市場的成交與流通；此外，尚有**訂價的功能**，如：

1. 推估同一債券不同到期日的債券價格。
2. 利於國內與國際不同信用風險的債券價格計算。
3. 可作為衍生性金融商品的定價。

圖 6.14 四種殖利率曲線

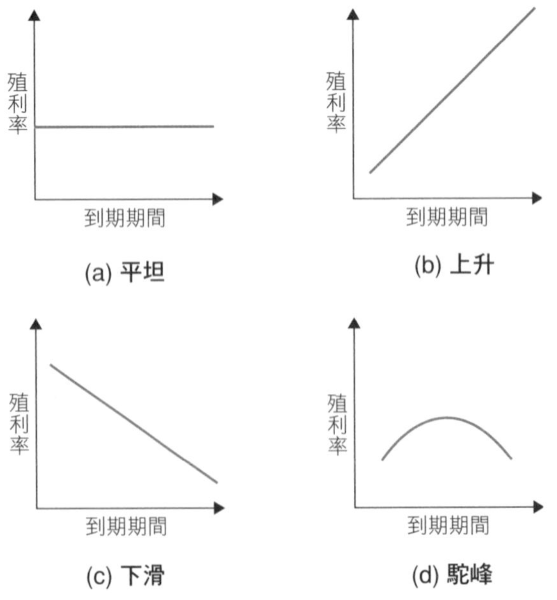

殖利率
到期期間
(a) 平坦

殖利率
到期期間
(b) 上升

殖利率
到期期間
(c) 下滑

殖利率
到期期間
(d) 駝峰

殖利率曲線也有**利於貨幣政策與財政政策實施**：

1. 於貨幣政策方面：推估央行利率升降與貨幣寬鬆或緊縮。
2. 於財政政策方面：利於政府債券之發行與籌資。
3. 利於評估政府貨幣與財政政策之效果。

美國聯準會 FED 從 2011 年 10 月開始執行為期 8 個月（2012 年 6 月底到期），規模達到 4,000 億美元的扭轉操作（Operation Twist），操作的方式是賣出存續期在 3 年以內的短期公債，並買進存續期 6 至 30 年的長期公債。**聯準會的做法是，將長期利率壓低，讓企業以及民間消費因貸款利率下降，提高投資及消費的意願**。問題就在於如果聯準會誤把殖利率曲線壓平甚至轉成負斜率，反而會讓銀行不願意去放貸，因此聯準會有必要維持超低的聯邦基準利率，也就是它必須維持在 0% 至 0.25% 之間，使得殖利率曲線以正斜率的方式下降，造成的結果是殖利率曲線依然維持如圖 6.14b。雖然利差依然縮小，但至少維持長短期的利差存在，就可以在儘量不影響銀行放貸的意願之下，提高企業與民眾的借貸意願。

由於美國聯邦政府違約機率遠低於公司，因此美國公債的殖利率將會較公司債相對較低，而當美國公債殖利率下降時，銀行或者投資人則會因為要提高收益率，將資金轉向收益率較高的公司債，使公司除了可以較為順利的發債籌資外，也可因資金成本的降低而提升投資的意願。

2012 年，由於就業市場遲遲無法轉趨熱絡，使失業率維持在高檔的 8.2%，房地產雖然稍有起色但依然在歷史低位，民間的消費信心並不強烈。2012 年 6 月底，FED 決議延長規模

2,670 億美元的扭轉操作至 2012 年底，並維持聯邦基準利率在 0% 至 0.25%，但依然維持在正斜率。殖利率曲線具有政策應用與定價功能，聯準會藉由 OT 的手段去控制殖利率曲線的變化，展現出聯準會支撐消費與投資意願的決心。就此觀之，其操作的手段堪稱成功，但實質利率變成負，將會造成未來通膨猛獸出現的重要潛藏因子（參見〈實質利率－通膨風向球〉一文）。

2013 年 5 月，聯準會開始釋放退出量化寬鬆的訊息，但實際上美國 6 月所公布的經濟數據，失業率 7.6%、消費者物價指數 1.4%、核心消費者物價指數 1.7%，經濟現況與聯準會預期退出目標的「失業率 6.5% 與通膨目標 2-2.5%」皆相距甚遠。

在美國經濟尚未過熱的時候釋放退出量化寬鬆的風向球，重要的目標之一當然是緩和真正實施「量化寬鬆退出政策」時對於市場的衝擊，但也因柏南克這番退出論，造成美國公債殖利率快速上升，終結掉美國接近 2 年的負利率，如圖 6.15；另外一個目標是，聯準會企圖在景氣轉為熱絡之前，對於部分泡沫先行擠壓，避免市場在長期低利率的狀況下，資金胡亂投資造成不可收拾的通膨。只是，從 1990 年後的經驗可以發現，美國 10 年期公債殖利率的彈升領先於聯邦基準利率，如圖 6.16 中「綠色」箭頭低點是 10 年期公債殖利率相對低點的位置，「紫色」箭頭則是聯邦基準利率相對低點的位置，聯準會的實質緊縮當然如圖 6.16 中的紅線快速拉升時期，而 10 年期公債殖利率之所以會彈升，自然是市場提前預期了聯準會未來緊縮的動作。

圖 6.15 美國 10 年期公債實質利率

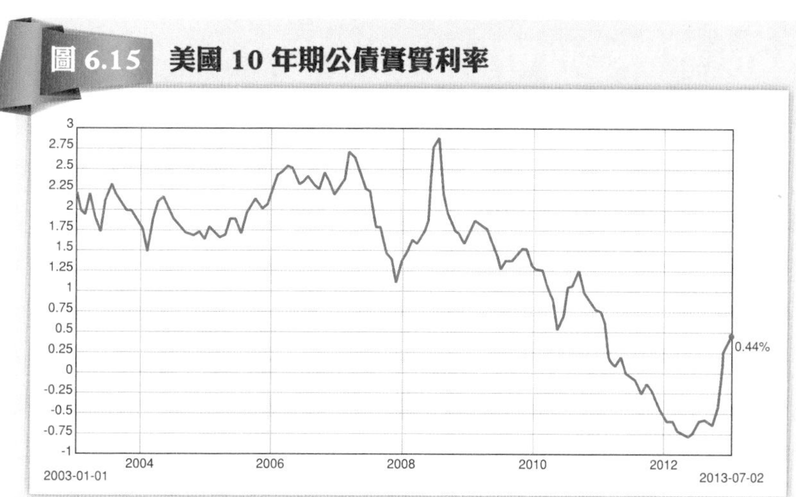

資料來源：怪老子理財網（2013）。http://www.masterhsiao.com.tw/CatBonds/Duration/Duration.php

圖 6.16 美國 10 年期公債殖利率與聯邦基準利率

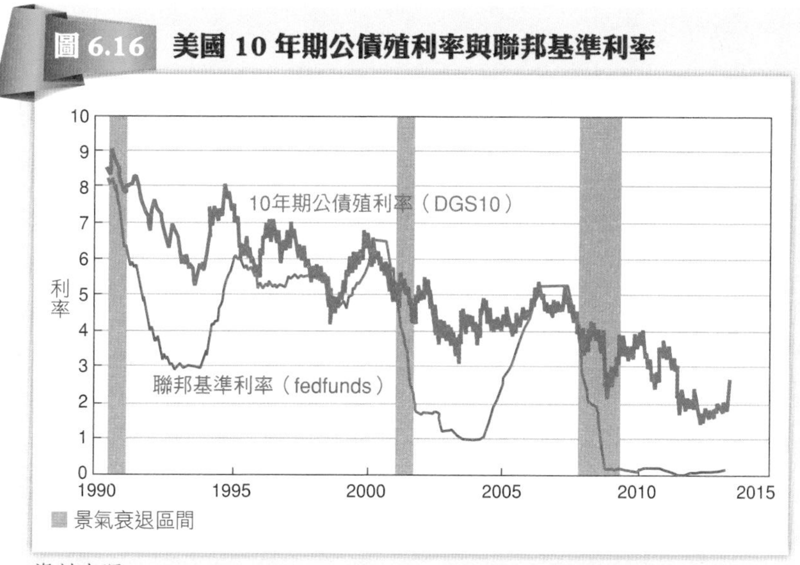

資料來源：FRED (2013). http://research.stlouisfed.org/fred2/graph/?id=DGS10

6.5 經濟學也可以很有樂趣

紅酒指數、奢侈品指數

紅酒與奢侈品這兩個指數被當成是景氣指標，主要的原因一般是評估有錢人對於景氣比較敏感，除了財經資訊的取得較容易外，不景氣對於有錢人的傷害也較小，當然在景氣回升時購買力會比較早恢復，相反的如果連有錢人也開始緊縮消費，表示經濟衰退恐怕已經傷害到有錢人，當然不景氣將會再度持續一陣子。就像是企業賠錢時董監酬勞領來還是不手軟，而被裁的多是基層的員工，但或許少了炒股的收入，所以不景氣時，……還是會低調一點吧！一般平民的消費多是啤酒跟夜市，所以評估有錢人消費狀況的兩個指標，當然就是紅酒指數、奢侈品指數。

2009 年初，陳冲先生提到紅酒指數，讓投資人注意到了一個新的觀察景氣的指標，這是 1990 年代兩位葡萄酒收藏同好（他們也從事金融相關產業）的邁爾斯（James Miles）和吉布斯（Justin Gibbs）共同發明的關於葡萄酒銷售情形指數──紅酒指數。這個指數在百特思（Battersea）商業中心的倫敦國際葡萄酒交易所（Liv-Ex），反映葡萄酒價格的同時，亦反映對於葡萄酒的投資熱度，後來有人發現，「紅酒指數竟與景氣有關」，才讓投資人注意觀察紅酒指數的走勢（**參見圖** 6.17）。

圖 6.17 紅酒指數與股價走勢圖

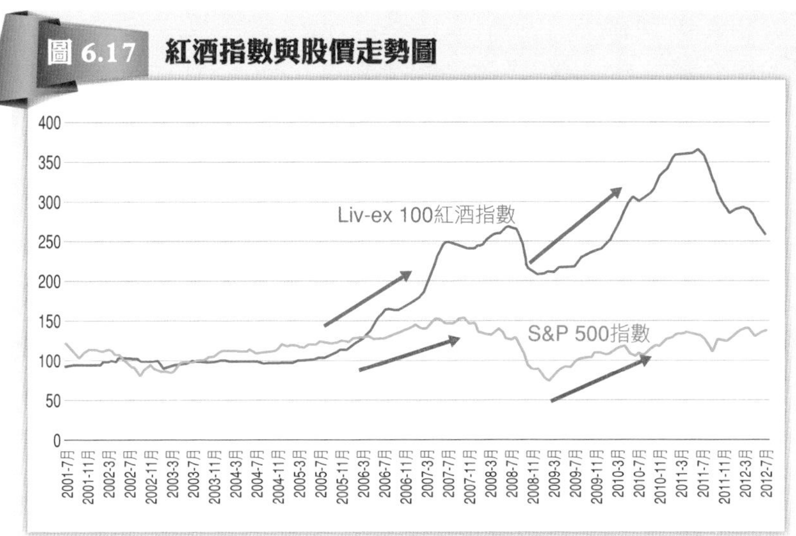

註：Liv-ex 100 紅酒指數（Liv-ex 100 Fine Wine Index）是國際間最具公信力的葡萄酒銷售指標。該指數是由倫敦國際酒類交易所（Liv-ex）嚴選 100 支紅白酒的中間價，再乘以產量加權計算，每月公布一次。

資料來源：MyPlanIQ (2012). http://www.myplaniq.com/articles/

投資紅酒的效益，不輸給投資股票，假設自 2001 年 6 月起投資，投資紅酒大約還獲利近 250%，但投資股票如果沒有適時的獲利了結，扣掉通膨的影響恐怕沒什麼獲利空間。而且投資紅酒失敗，至少可以借酒澆愁，這可不是股票做得到的，也算是另一種投資效益吧！

紅酒成為投資標的且具有長期看漲的潛力，主要在就特定年份的好酒而言，其供給長期將會因為保存不善或者飲用而減少，由於需求對象是有錢人，買進高價的紅酒象徵品味與地位，當然有錢人也有能力去消費，從供給逐漸減少、需求穩定的角度來看，確實紅酒能夠長期看漲，也就吸引專業投資人對於紅酒進行投資。

由圖 6.17 可以發現，紅酒指數即使在 2012 年出現較大的下滑，10 年來的投資報酬率依然優於標普 500。不過，提醒讀者的是，只要是有價格且能夠炒作的商品，都可能出現泡沫，因此不要以為買進持有就一定穩賺。紅酒的投資不只要有買進的眼光，要瞭解酒莊、氣候、年份以及酒的品嚐期，更要有收藏的設備，因此需要相當高的專業程度。

有圖有真相，以紅酒指數和 S&P 500 指數相較（**參見圖 6.18**），整個金融海嘯的過程，紅酒指數在 2008 年 12 月見到低點 206 點開始往上走，S&P 500 指數則落後 3 個月見到低點，紅酒指數在 2011 年 6 月見到高點往下，S&P 500 指數如果這次是高點的話，則落後近 10 個月至 2012 年 4 月才見到高點，似乎紅酒指數反映著部分有資金的投資人與消費者的心態，也就是間接反映了股市情形。陳冲院長當初之所以提到紅酒指數可以當作先行指標，主要理由是有錢人能較靈敏的嗅到景氣開始復甦，進而開始投資與消費。不過到 2012 年 8 月陳冲院長卻說近幾年因為中國投資客進場，使得紅酒指數已逐漸失真，至於陳冲院長如何知道，筆者就不清楚了，因為我也是「看了報紙才知道！」不過這部分也類似波羅的海指數（BDI 指數）。

過去波羅的海指數是判別經濟狀況不錯的指標，但在中國大量的基礎建設與固定資產投資的情形下，導致原物料需求與價格上漲時，航運商跟著大舉建造新船隻，甚至連礦商也自建或擴大航隊，想要大發利市，結果造成運輸船供給過剩，致使波羅的海指數不但受到原物料與貿易需求的影響，還有運輸船

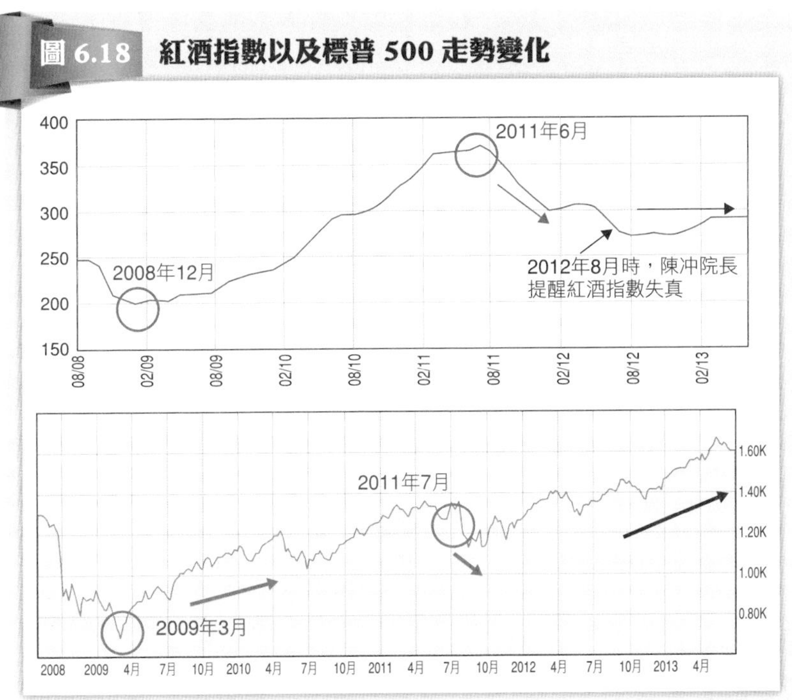

圖 6.18 紅酒指數以及標普 500 走勢變化

資料來源：上圖檢索自 http://www.liv-ex.com/staticPageContent.do?pageKey=Fine_Wine_100；下圖檢索自 Yahoo! Finance Worldwide (2013). http://finance.yahoo.com/

的供需狀況，目前波羅的海指數已經不太能夠適時的反映經濟現況，在判讀經濟上的實用性大幅降低。

口紅經濟學與高跟鞋經濟學

口紅理論是指當經濟面臨不景氣時，由於女性消費者無法買的起昂貴的化妝品，因此改買較為廉價的口紅，除了可以滿

足女性的消費慾望以外，也能夠讓女性有好的氣色保持美麗的容顏。口紅理論首次提出是在 1930 年代，認為當景氣衰退時口紅有替代的效果，因此當景氣不好的時候，口紅的銷售量反而可以提升（**參見表 6.2**）。

曾任雅詩蘭黛集團總裁的李奧納多・蘭黛（Lenard Lauder），從雅詩蘭黛的銷售分析中發現，當 1990 年代經濟衰退時，以及 2001 年美國受到恐怖攻擊後，此其間口紅的銷售反而逆勢上揚，而 2008 年金融海嘯時美國媒體宣稱當時的口紅銷售良好。台灣也有類似的案例，國內口紅銷售知名品牌「雅芳」，便在 2008 年時銷售 329 萬支口紅，不但創下 10 年的新高，當年平均每人購買口紅的金額更成長了 55.5%，跟國外媒體的報導不謀而合。

表 6.2　口紅與高跟鞋於不同景氣下的變化

	景氣好	景氣差
口紅經濟學		
高跟鞋經濟學		

資料來源：整理自國內外知名品牌型錄。

IBM 曾經對媒體文章中的流行趨勢對女性鞋子的高低做過分析，發現當景氣不佳時，女性反而會購買較為亮麗且鞋跟較高的鞋子。1920 年代美國經濟大蕭條，以及 1970 年代石油危機時，高跟鞋一度廣為流行；相反的，當景氣愈佳時，低跟以及平底鞋反而成為主流（**參見表** 6.2）。一般認為，或許是因為當景氣不佳時，亮麗的高跟鞋恰可作為逃避現實以及滿足內心不安的方式，不過也很可能是當經濟較好時，女性就業人口增加，而低跟以及平底鞋較適合上班族女性，因此讓低跟以及平底鞋需求增加並成為流行。

裙襬經濟學與罩杯經濟學

裙擺理論是由美國人埃恩．考伯雷提出，其理論是當女性的裙子愈長，股市將會愈低迷；相反的，女性的裙子愈短，股市的表現將會愈強勁（**參見表** 6.3）。1900 年，美國女性的裙子原本相當的長，而後逐漸縮短，直到 1929 年的大蕭條之前，1930 年美國經濟蕭條之時，反而是長裙較為流行；另外一個較為神奇的例子則是在 1987 年，當年本來流行的短裙，忽然在 10 月份時不流行了，並且迎來大幅衰落。最新的例子則是根據英國的《太陽報》報導，2012 年是自 1929 年以來，裙擺最長的一年，而當時的英國首相卡麥隆（David Cameron）正巧宣告了英國的經濟困境在短期內將無法改善，此又為裙襬理論新增一個案例。

罩杯經濟學源自英國德本罕百貨公司發表的「大英帝國

表 6.3 裙襬與罩杯在不同經濟環境下的變化

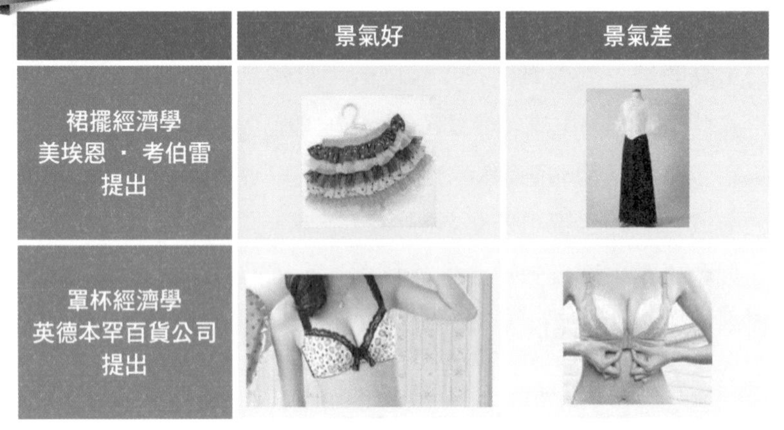

	景氣好	景氣差
裙擺經濟學 美埃恩 · 考伯雷 提出		
罩杯經濟學 英德本罕百貨公司 提出		

資料來源：整理自國內外知名品牌型錄。

胸部史」，其指出英國女性的胸部大小與經濟景氣的變化成正比。1920 年代，大蕭條時罩杯平均只有 28A，一直到現在成長到 36D 的傲人胸圍。另外，根據日本戴安芬的統計，1980 年時日本女性有 6 成穿 A 罩杯；1988 年只有 3 成的女性穿 A 罩杯；2004 年只剩下 1%，日本的學者認為，在日本 1991 年泡沫破滅之後，日本女性的罩杯因為復甦曾經出現兩次的成長。女性罩杯的成長究其原因或許跟經濟真有關係，因為當經濟成長時，不但女性獲得的營養增加，可以幫助增長外，且當人們脫離了只求溫飽的階段時，接下來就會注重外貌及自尊，為了擁有不輸她人的「事業線」，除了內用的人工添加物以外，還有外用的水餃墊等通通派上用場，最終當經濟成長人民逐漸富裕之後，女性的罩杯也就逐漸增加了！

隆乳經濟學

除了罩杯理論以外，還有一個與女性胸部相關的經濟觀察——隆乳指數。歐洲的隆乳指數從 1995 年平均每年成長 7%，但到 2009 年成長率下降到 3%，2010 年更是負成長 5%，美國拉斯維加斯 2011 年的隆乳指數與 2008 年相較則下降 36%，顯然經濟下滑時隆乳的需求也會降低，但如果觀察台灣的隆乳數量，與經濟的表現則未必能很貼切相關。從圖 6.19 的數據可以發現，隆乳數量最高在 2004 年以前，金融海嘯期間曾一度跌破 6,000，雖然 2009 年時一度回升至 9,000 以上，但長期趨勢往下並沒有改變。

圖 6.19 景氣不同隆乳人數的差異值

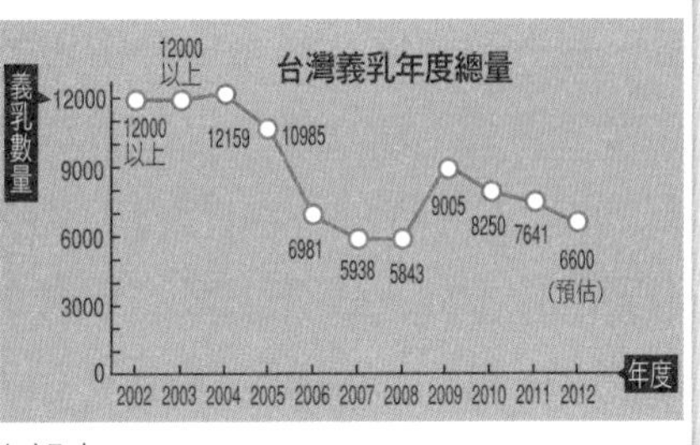

英國德本罕百貨公司「大英帝國胸部史」

資料來源：上圖檢索自中金在線（2013）。「盤點經濟學」趣詞：罩杯與經濟景氣成正比（圖），http://big5.cnfol.com/big5/money.cnfol.com/130418/160,1554,14891000,07.shtml；右圖由林靜芸製表（2012），檢索自義乳年度總量曲線圖，http://mag.udn.com/mag/life/storypage.jsp?f_ART_ID=401094。

其他趣味經濟學

馬鈴薯效應

當經濟陷入蕭條時，消費者無力消費價格較高的商品，轉而以中低價位來滿足需求，致使中低價位的財貨價格反而上揚，原因是因為所得減少，價格高的商品根本買不起，因而對中低價位的商品不得不買更多，例如馬鈴薯，就是經濟學上所謂的「季芬財」（Giffen goods）。

丁蟹效應

所有趣味經濟學裡頭要說最神奇的或許就是——「丁蟹效應」，或稱秋官效應（因為鄭少秋綽號叫「秋官」）。

1992 年 10 月時，鄭少秋主演電視劇《大時代》裡頭的丁蟹，劇中的丁蟹就是藉由放空恆指期貨以獲取暴利的角色。沒想到電視劇上演之後，恆生指數一個月的時間下跌 20%，而後在 1997 及 1998 跟 2000 年都有鄭少秋的電視劇上演，並隨後恆指表現皆不佳，使得丁蟹效應成為香港家喻戶曉的事情，當時香港股民流行一句話「丁蟹一出，股市就洩」。

2008 年 10 月，鄭少秋女兒鄭欣宜演出喜劇《畢打本身人》首播，而後港股也同時向下沉淪，「丁蟹」或秋官可真是後繼有人！隨後「丁蟹 2.0」之說不脛而走，丁蟹效應準得令人頭皮發麻，最近的例子是在 2012 年 5 月 6 日鄭少秋的新劇《心戰》播

圖 6.20 《心戰》vs.「心顫」

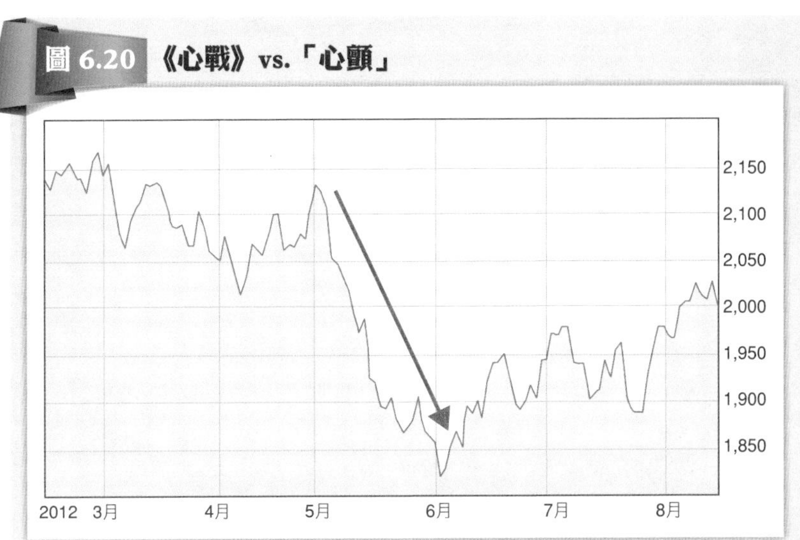

註：2012 年，鄭少秋新戲《心戰》一上預告片後，一個月內下跌超過 2,000 點，足足讓股民「心顫」不已。

資料來源：香港 YAHOO 財經（2012）。http://hk.finance.yahoo.com/

放預告片，恆生指數在短短一個月的時間下跌超過 2,000 點（參見圖 6.20），跌幅約 10%，丁蟹效應的威力真是不同凡響，對於做多的投資人而言，大概希望鄭少秋父女能夠早日從演藝圈引退吧！

多數流傳的趣味經濟學，其實多為社會現象的觀察，基本上只是當作茶餘飯後消遣的功能，並沒有預測的能力，甚至多少有硬套上去的嫌疑，且可以發現多數是觀察女性的消費及外觀變化，當然或許是多數的經濟學家為男性，但更可能的是女性才是上帝完美的傑作，可以讓投資人在學習生硬的經濟學以及緊繃的金融操作之餘，用來作為自我放鬆的議題，才能夠以輕鬆的態度面對市場的變化。

135
130
125
120
115
110
105
100
95
90
2006
2007
2008
2009
2010
2011
2012
2013

CHAPTER 7

台灣經濟觀察

看了許多國際的經濟與政治變化，回過頭來想的是在台灣該如何投資呢？畢竟台灣雖然會深受國際經濟榮枯影響，但未必會百分之百隨著連動，否則在美股、東南亞股市創新高的同時，為何台股的萬點大夢卻遙不可及……

7.1 連體嬰 ?! ——匯率與股市

以 2007 年到 2012 年 4 月共 5 年 4 個月的台股和新台幣走勢觀察（**參見圖** 7.1a），新台幣和台股幾成同向，即新台幣升值（往下），台股走多（往上）（如 (1)、(3)，及 (4) 的前段 A 及 a），新台幣貶值（往上）、台股走空（往下）（如 (2)，當時發生美國次貸風暴，導致全球金融海嘯）；但是當個專業投資人，要有觀察更敏銳地方的概念；在第 (4) 期間內，新台幣升值（往下；A），而台股上漲（往上；a）；但之後新台幣走平（B），沒什麼升貶，台股在 2011 年 8 月重挫（如 b），就⑷整段期間而言，新台幣升值（A ＋ B ＝ C），但台股反而走空（a ＋ b ＝ c）；換言之，新台幣升值，台股會漲，是不成立的；頂多可以說，新台幣在「短期間」內大幅升值（通常是熱錢流入，同期間大部分新興市場貨幣兌美元皆呈升值），在那段期間內台股是漲勢，新台幣在「短期間」內大幅貶值（通常伴隨金融事件，美元因避險而走強），台股在那段期間內是跌勢。

另外觀察這 5 年 4 個月的台股和新台幣走勢，事實上整段期間新台幣是升值的，約從 32.5 升值到 29.5，而台股幾乎沒漲（**參見圖** 7.1b）。新台幣升值的原因主要是在於美國實施量化寬鬆，大印鈔票，致美元兌各國貨幣呈現長期貶值的現象。企業獲利是大盤是否上漲的重要原因，在 2011 至 2012 年新台幣升值的期間，上市公司的獲利不升反降，成了新台幣雖然升值台股卻難以上漲的重要原因；長期而言，若說新台幣升值，有利於台股的漲勢實非精確，更精確的看，要看新台幣升值的幅度及期間長短而定，這是投資人要特別注意的。

圖 7.1 新台幣與台股的變化

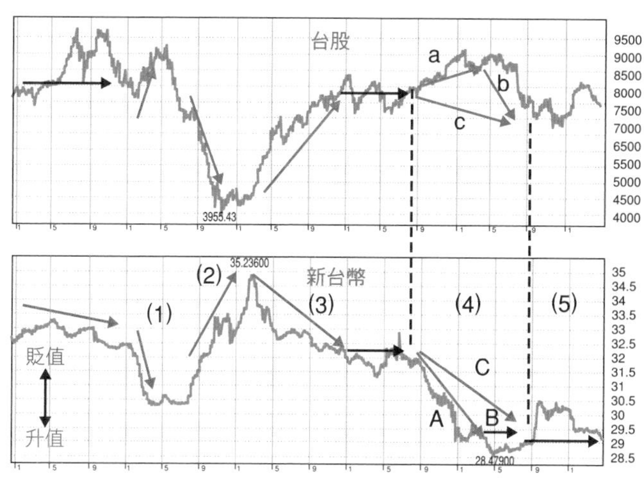

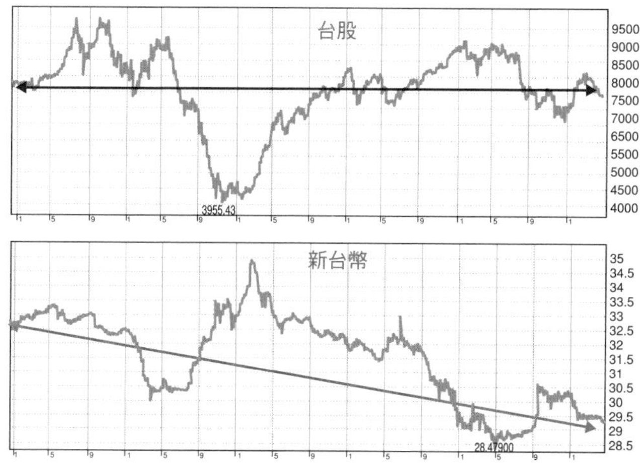

資料來源：轟天雷看盤系統（2012）。

7.2 推石上山——股價淨值比

希臘神話裡頭有一個「推石上山」的故事。薛西佛斯（Sisyphus）是足智多謀的科林斯國王，由於害怕死亡，因此在死神到來時，用計誘使死神將自己銬住。也就是說，原本要拘捕薛西佛斯的死神反而被自己拘禁了起來，故事中再沒有人死亡，人們因而停止獻祭神，宙斯命戰神阿瑞斯去解救死神，並懲罰薛西佛斯，薛西佛斯必須在地獄之中將巨石推到山頂之後，懲罰才能停止；只是每當薛西佛斯將巨石推到接近山頂時，由於氣力消耗殆盡，石頭總會滾落原地，功虧一簣，最後薛西佛斯只能永無止盡的推動巨石。

台股沒有隨著中國股市破底或許可以感到慶幸，只是當經濟出現變化時，各國由於產業甚至匯率政策的不同，受益或受害的影響程度自然不同，既然多數投資人的投資標的還是在台股，雖然部分投資人質疑政府造成經濟數據不精確，未能反映實情並失去公正性，尤其是在景氣燈號公布之前便已告知國人的非藍燈事件等等，但最容易接收到的資訊還是在台灣，因此對於大部分資產都在台灣的投資人而言，還是必須依靠這些資訊去瞭解台股的相對位置，並預測未來的景氣變化，否則就如同盲眼開車一樣——非常危險啊！

就個股的角度來看，股價淨值比到底多少為合理並沒有一定的準則，只要公司有辦法有效的運用帳面價值，去創造營收產生獲利，自然就可以享受較高的股價淨值比；相反的，無法

賺錢的公司，跌破淨值也將是必然。

就個股的投資而言，會跌破淨值的公司大都是因為長期經營能力轉弱，在未恢復成長的軌道之時，投資人切勿進場。舉個例子，2012 年 9 月台灣的績優生台積電股價淨值比為 3.46；即使股價已經大跌過的宏達電，也有 2.87；大立光更是高達 4.52，然而友達只有 0.5，以及奇美電更是只有 0.42，投資人如果在面板雙虎股價淨值比低於 1 時買進，等待解套的時間遙遙無期，更怕的是買到會下市變成壁紙的個股。

台股如果從 92 年觀察起，股價淨值比突破 2 共有三次，三次都是台股相對高點的位置，且其中兩次（96 年及 100 年）之後都伴隨著較大幅度的修正，那種情形就像是薛西佛斯將巨石推上山頂之後氣力放盡，使得石頭滾回原地一般。從歷史的經

圖 7.2 民國 92 年至今的股價與股價淨值比的變化

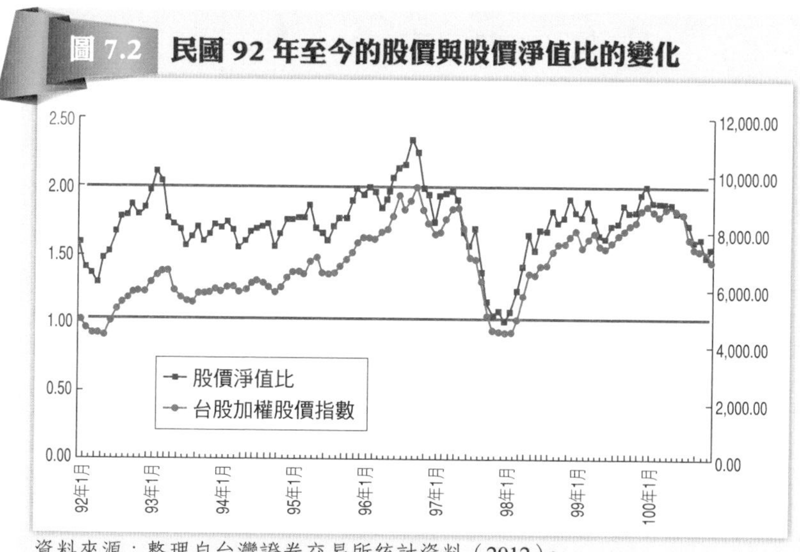

資料來源：整理自台灣證券交易所統計資料（2012）。

驗來看，顯然在股價淨值比突破 2 時，出清持股保持空手是較為安全的操作手段。

長線的買點是股價淨值比低於 1 時，惟近 10 年只有一次低於 1，顯然不符合大部分投資人的操作週期，因此當股價淨值比低於 1.5 至 1.6 時，可以於股市中找到相對低估的標的，當然還是需要搭配國際總體經濟的變化，否則一不小心就接到落下來的刀子。

從以上可以發現，雖然單一個股的股價淨值比很少有參考價值，但全上市企業集合的大盤卻能成為觀察的依據。當大盤指數到達上市公司總淨值的 2 倍時，似乎就是台股的頂點，台股的股價淨值比在未來是否可以再創新高，甚至來到 3 以上呢？這除非未來台股多出現幾家大型如台積電的績優企業，不然恐難期待。筆者就過去的歷史經驗推估，當股價淨值比來到 2 以上之時，寧願採取相對保守的策略，以免當多頭往上推升的力氣放盡時，成為巨石下的冤魂。

7.3 海妖歌聲——經濟預測

在希臘神話裡有一位為人所熟知的海妖——賽蓮（Sirens）。賽蓮是以半人半鳥的型態出現在神話故事中，她的歌喉美妙、長相嬌艷，最喜愛的就是在狂風暴雨時，利用自己優雅的歌聲迷惑經過的水手，引誘他們將船駛向暗礁令船隻沉沒，特洛伊戰爭的英雄奧德修斯（Odysseus），為了能夠順利通過該海域，命令所有船員以白蠟封住雙耳，而為了聆聽海妖的歌聲將自己綁在桅杆上；奧德修斯一度受到賽蓮的誘惑，他讓朋友將自己鬆綁，朋友則是把奧德修斯綁得更緊，終讓船隻得以安全通過。

經濟預測到底是否具有領先性，除了主計處以外我們再來看看中研院的預測（**見表** 7.1）。2000 年 12 月 22 日中研院公布，預測 2001 年的經濟成長為 5.21%，到 2001 年 7 月 13 日時，則預測尚有 2.38%，待主計處公布時，2001 年實際值為 -1.65%；2007 年 12 月 14 日中研院預測 2008 年經濟成長為 4.31%，2008 年 7 月 10 日再將預測值上修至 4.46%，結果主計處公布的 2008 年經濟成長實際值為 0.73%；由上面的數據發現，如果以中研院的經濟預測作為金融操作的標準，當經濟變化出現轉折之時，中研院的經濟預測就會像金融暴雨中的賽蓮海妖歌聲，投資人一旦勇往前進，迎來的就是觸礁沉船的命運。

經濟預測到底準不準？什麼單位或時機最準？投資人往往看著一堆數據，頭痛莫名。筆者認為，12 月公布的當年度經濟預測與實際值多在 ±0.5% 的水準，但這樣的預測結果還是很難

表 7.1 中研院經濟預測的實戰檢驗

年度	中研院經濟所預測			主計處公布實際值
	前一年 12 月公布	當年 7 月公布	當年 12 月公布	
2001	5.21(2000.12.22 公布)	2.38(2001.07.13 公布)	-1.89(2001.12.19 公布)	-1.65
2002	2.08(2001.12.19 公布)	3.24(2002.07.18 公布)	3.29(2002.12.18 公布)	5.26
2003	3.31(2002.12.18 公布)	2.65(2003.07.23 公布)	3.19(2003.12.18 公布)	3.67
2004	4.35(2003.12.18 公布)	5.76(2004.07.21 公布)	5.99(2004.12.30 公布)	6.19
2005	4.05(2004.12.30 公布)	3.74(2005.06.13 公布)	3.83(2005.12.07 公布)	4.70
2006	4.25(2005.12.07 公布)	4.13(2006.06.29 公布)	4.32(2006.12.22 公布)	5.44
2007	4.21(2006.12.22 公布)	4.46(2007.06.15 公布)	5.15(2007.12.14 公布)	5.98
2008	4.31(2007.12.14 公布)	4.55(2008.07.10 公布)	1.72(2008.12.12 公布)	0.73
2009	056(2008.12.12 公布)	-3.46(2009.06.18 公布)	-2.46(2009.12.22 公布)	-1.81
2010	4.73(2009.12.22 公布)	6.89(2010.07.19 公布)	10.31(2010.12.23 公布)	10.72
2011	4.71(2010.12.23 公布)	5.52(2011.0719 公布)	4.38(2011.12.29 公布)	4.03
2012	3.81(2011.12.29 公布)	1.94(2012.07.08 公布)		-

資料來源：中研院（2012）。http://www.econ.sinica.edu.tw/index.php?foreLang=tw

成為金融操作的標準，所以投資人如果塗上止癢軟膏還無法停止手癢的話，或許應該學習奧德修斯的做法，請自己的好朋友把自己綁起來，等待經濟衰退結束之後才鬆綁（**參見表** 7.2）。

筆者可沒有刻意要污衊金融研究單位的意思，全球市場詭譎多變，縱然他們全都是有學問的大學者，也難預估到不可預

表 7.2 經濟預測？用推論的還是用猜的？

預測值	測不準的原因
民國 89 年 8 月預測 90 年經濟成長為 6.48%	因 90 年 IT 泡沫與 911 事件，全球景氣急速降溫，致實際值轉為 -1.65%
民國 97 年 8 月預測 98 年經濟成長為 5.08%	美國次貸問題迅速發展成全球金融海嘯，致 98 年經濟成長率實際值大幅下修至 -1.81%
民國 100 年 8 月預測 101 年經濟成長為 4.58%	國際經濟受歐債問題持續延燒、美國經濟復甦力道疲弱、中國等新興經濟體成長動能放緩等影響，8 月 17 日時公布 101 年經濟成長 1.66%
民國 101 年 8 月預測 102 年經濟成長為 3.67%[1]	3 月以來，國際景氣明顯轉弱，第 1 季蘋果智慧型手機全球市占率下滑，國內行動通訊新產品亦交替不順，暖冬效應反映到統計指標具遞延性；3 月中旬全球金融市場受塞浦路斯爆發銀行擠兌危機衝擊[2]

註 1：行政院主計處（2013）。
http://www.dgbas.gov.tw/ct.asp?xItem=31726&ctNode=2858&mp=1
註 2：行政院主計處（2013）。
http://www.dgbas.gov.tw/ct.asp?xItem=34016&ctNode=2858&mp=1
資料來源：行政院主計處新聞稿（2012）。
http://www.dgbas.gov.tw/ct.asp?xItem=31979&ctNode=2858&mp=1

期的災難，就像陳冲院長所說的：「經濟預測是一種藝術。」既然我們不是藝術家，哪看得懂這高深的經濟預測藝術呢？況且，就算是產業界的人士，恐也未必能看清景氣變化，試想市場上又有多少重量級大老做出錯誤的評估呢！因此，自訂追隨的經濟指標或者技術分析作為進出場點，遠比聽從學界人士的產業判斷還有幫助多了。

7.4 豐年與荒年——景氣燈號

在《聖經》的故事裡頭，有一個 7 年豐收、7 年災荒的故事。有一晚法老王做了兩個非常特別的夢，但卻無法明瞭夢的意思，於是請來一位智者替他解惑。法老王的第一個夢是看見 7 頭肥碩的牛，接著看到 7 頭乾瘦的牛，然後乾瘦的牛吞了肥碩的牛；第二個夢則是有 7 個飽滿的穗子，以及 7 個乾枯的穗子，而乾枯的穗子竟吞噬了飽滿的穗子。智者解答說，埃及將來會有 7 個豐收年與 7 個災荒年，因此應該在豐收年的時候儲備糧食，以應付接下來的飢荒！

台股的景氣對燈號構成的項目有：貨幣總計數 M1B、直接金融及間接金融、股價指數、工業生產指數、非農業部門就業人數、海關出口值、機械及電機設備進口值、製造業銷售值、批發零售及餐飲營業額指數等共九種。經建會先對構成項目進行季節性的調整，再計算其年變動率。每月將各構成項目年變動率與檢查值進行比較，以判斷其燈號及分數；並區分為 5 段區間，而各段區間則分別制定藍燈、黃藍燈、綠燈、黃紅燈及紅燈之燈號，並依序給定 1 到 5 分之分數。將 9 項構成項目分數加總，即是最後的綜合判斷分數。如果低於分數 16 分則判定為藍燈，高於 38 分則判定為過熱。

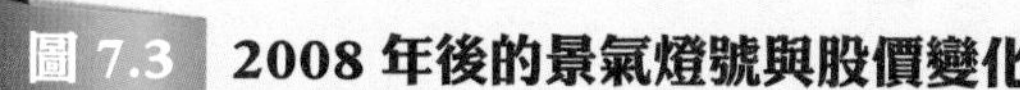

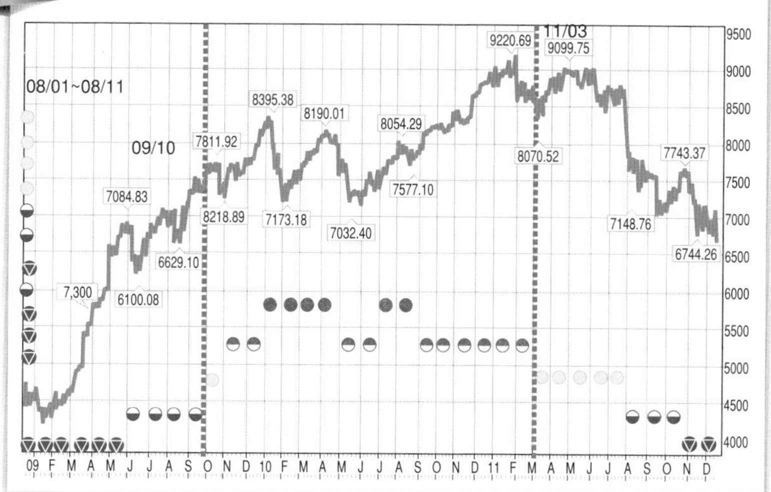

資料來源：行政院經濟建設委員會（2012），http://index.cepd.gov.tw/；與 stockcharts.com（2012）。

如果觀察景氣燈號跟台股指數的關係，可以發現當黃紅燈及紅燈象徵景氣熱絡的燈號出現時，大盤指數約可以在 8,000 點之上，而當象徵景氣趨緩偏冷的藍燈出現時，大盤指數則在 6,000 點之下。

有人根據景氣燈號的變化，提出了當景氣對策燈號紅燈時賣出，而在藍燈的時候進場買進的投資策略。這種判斷方式就原則上來說並沒有錯，畢竟當景氣對策燈號出現藍燈時，股票通常已先下跌一大段，因此可以買在相對低點、並賣在相對高點，唯一的問題在於——藍燈會持續多久的時間？

2000 年 12 月景氣開始連續出現 15 個藍燈、2008 年 7 月則是連續出現 11 個藍燈（包含中間一次黃藍燈），而從 2011 年 11 月以來則已連續出現 9 個藍燈，因此依照藍燈出現執行買進的策略問題在於：首先，藍燈出現之後股市還是有可能出現另外一波大幅的修正，6,000 點跌到 4,000 點不管是個股跟指數，通通會受傷；另外一個問題是，當藍燈出現時該如何分批分配進場的資金？ 2000 年時出現的 15 個藍燈，與從 2011 年 11 月開始出現的藍燈，這長達 1 年多的藍燈何時停止，又有誰能知道哪一天會出現紅燈。

不管是投資個股或者是指數，如在藍燈出現時立即投資，很可能還會經歷非常長的煎熬與等待，畢竟我們又不是埃及的法老王，可以從夢中知道未來會有幾個藍燈！所以我們或許可以搭配成交量與指數的變化做判斷，當成交量持續萎縮至近乎窒息時，指數卻已經不再破底，此時即使不是指數的最低點，也將會在相對的低點附近，而資金投入後的續跌以及等待的風險將會降低，此時就個股的部分，營收已經停止下滑甚至反向翻揚，可以作為投資的選擇。而對於指數的投資人，可以把投入的比重拉高到 5 至 7 成，剩下的資金再用定期定額的方式進場。

7.5 You jump，I jump ！——外銷訂單

以豪華跟安全而廣受矚目的鐵達尼號，卻在其處女首航時因碰觸冰山而沉沒，成為海上重大災難之一，吸引了許多研究單位與探險家去找尋、挖掘鐵達尼號的所在，並成為電影的好題材，尤其是 1997 年由李奧納多與凱特．溫斯蕾主演的《鐵達尼號》，更是加添了鐵達尼號許多浪漫的愛情故事。當船難發生之後，傑克（李奧納多飾）與蘿絲（凱特．溫斯蕾飾）來到了船邊，傑克為了讓蘿絲有跳下去的勇氣，於是對著蘿絲說："You jump, I jump."……

台灣是以出口為導向的經濟體，出口值占 GDP 的比重達 7 成，因此容易受國際情勢牽動，使國家的政策往往往出口業傾斜，而出口的表現勢將影響台灣經濟的表現，自然也會影響到股票市場，因為外銷訂單具有領先出口數據的指標意義，因此被經建會歸類於領先指標之中。

從圖 7.4 中可以發現，如果以出口訂單的年增率轉為負（連續）來看：2001 年 4 月出現連續性的年增率衰退，台股指數同月已經下降到 5,440 點；金融海嘯（2008 年 10 月）時開始出現連續性出口年增訂單衰退，當月指數跌至 5,043 點；2011 年 8 月開始出現連續性衰退時，指數則是下降到 7,763 點。由這些數據可以發現，如果等到出口訂單年增率轉為負數時才做退場動作，那時股市早已進行過一波的下跌，況且等待出口訂單的數據出來，實際上已落後指數將近 1 個月（經建會於月底公布上

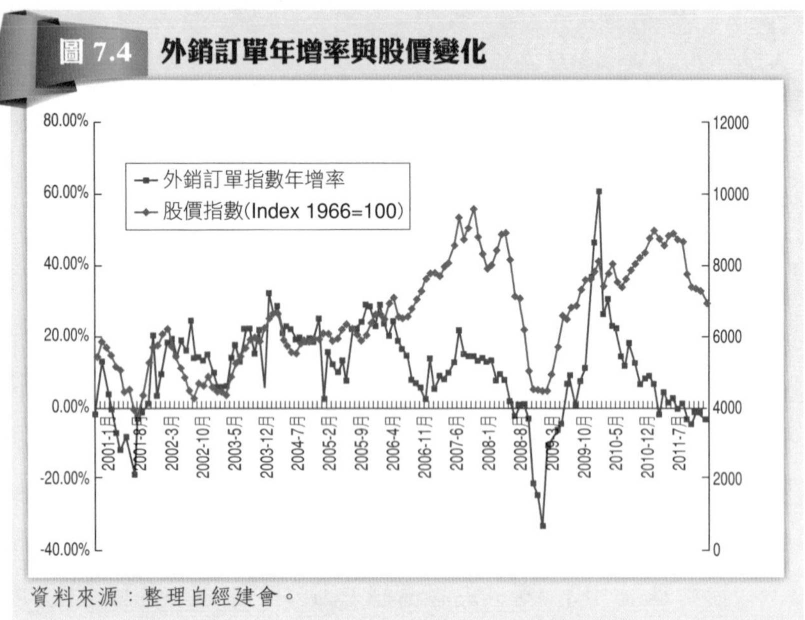

資料來源：整理自經建會。

個月的景氣指標），如果再等待連續性的衰退做確認，更是落後股市將近 2 個月。

我們再加入景氣對策燈號做判讀，可以發現早在出口訂單年增率轉負之前，燈號已先經過過熱以及熱絡的紅燈或者黃紅燈，所以當景氣對策信號經過紅燈以及黃紅燈時（此時股市也已出現一波的大漲），而出口訂單年增率則出現往 0 趨近的減緩現象，這個很可能是為了以後衰退做保證，據此我們可以得到一個結論，出口訂單雖然很難幫我們找出較為精確的出場點，但可以協助我們判讀經濟基本面的現況。

經濟部會於每個月 20 號公布上個月外銷訂單金額，也會細分各個產業的概況，以民國 101 年 6 月份為例，101 年 6 月外銷訂單金額 363.8 億美元，較上年同月減少 9.8 億美元（減 2.62%，按新台幣計算，增加 1.12%），與上月比較，減少 0.9 億美元（減 0.25%），經季節調整後增 0.42%。其中，衰退幅度以電子產品較上年同月減少 3.4 億美元（減 3.86%）最大，主因在於終端的消費電子，這部分當然是受到宏達電智慧型手機銷售不如預期所造成的影響為大；其次為基本金屬製品因全球鋼市不振及鋼價走跌，致較上年同月減少 3.3 億美元（減 12.56%）；化學品因國際需求不佳，石化產品價格下滑，致較上年同月減少 1.9 億美元（減 9.54%）。從細項去進行觀察可以發現，就是哪一個產業未來的能見度不佳，可早在企業營收公布之前預期其營收表現將不佳（**參見圖 7.5**）。

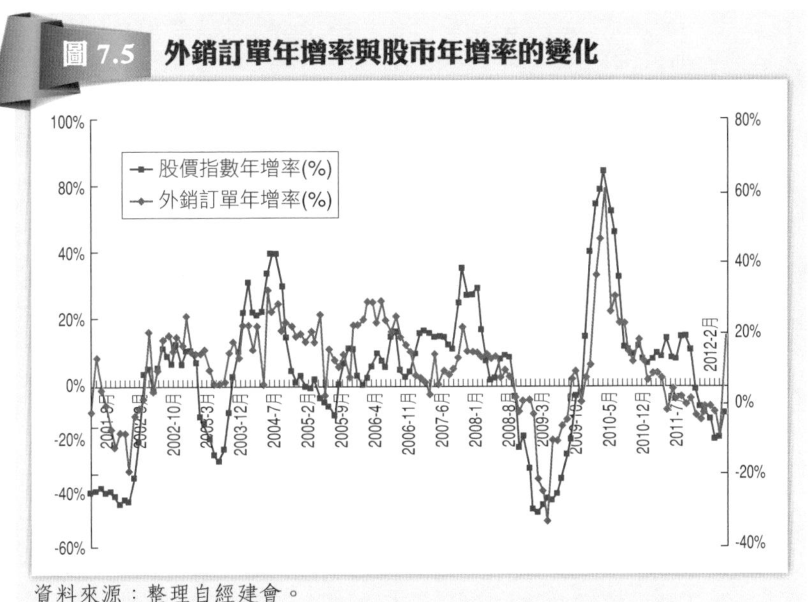

圖 7.5 外銷訂單年增率與股市年增率的變化

資料來源：整理自經建會。

下面是一系列摘自經建會的外銷訂單年增率變化與股市間的關係圖（**參見圖** 7.6），提供讀者參考。

圖 7.6 外銷訂單年增率變化與股市間的關係

(c) 外銷訂單及工業生產指數年增率
外銷訂單年增率
工業生產指數年增率
80
60
40
20
0
-20
-40
-60
2004
2005
2006
2007
2008
2009
2010
2011
2012
(d) 外銷訂單及出口貿易總額年增率
外銷訂單年增率
出口貿易總額年增率

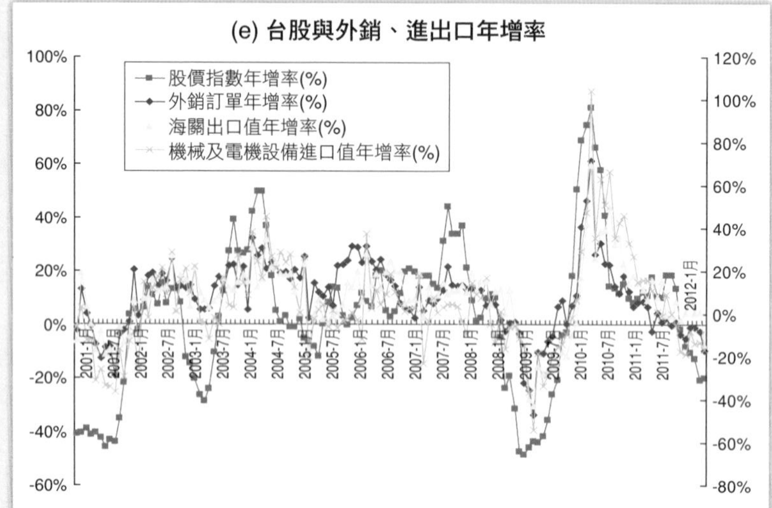

註：1. 以圖 a 來看，如果單看外銷訂單指數與海關出口值的變化，整個趨勢往上但變化不夠明顯。

2. 以圖 b 來看，改用年增率看外銷訂單指數與海關出口值的變化，兩者有很明顯的同步關係，因此外銷訂單如果不佳，可以預期的是海關出口數據也不會太好看。

3. 以圖 c 來看，外銷訂單以及工業生產指數兩者方向同步，尤其是在 2008 年之後幾乎是亦步亦趨的變化。

4. 以圖 d 來看，外銷訂單與出口貿易總額的年增率，兩者也出現高度的相關性。

5. 以圖 e 來看，大盤指數、外銷訂單、海關出口值、機械及電機設備進口，可以發現彼此之間具有非常密切的相關性，因此當外銷訂單表現不佳時，可說是發揮了「一葉知秋」的功能。

資料來源：圖 (a) (b) 經建會（2012），http://www.cepd.gov.tw/；圖 (c)(d)XQ 全球贏家（2012）。http://www.wretch.cc/blog/Jyher2357/16888204；圖 (e) 整理製表自「經建會」。

7.6 礦坑裡的金絲雀——機械及電機設備進口值

經建會每個月都會公布景氣指標，在景氣指標構成項目中，有一個同時指標項目是「機械及電機設備進口值」，從圖7.7的兩個箭頭可以發現，2008年6月及2011年8月股市與機械及電機設備進口值年增率皆出現下滑，如果再搭配台股指數高點來看，2008年5月的最高點9,309點，並未超過全球高點9,859點，2011年2月份是金融海嘯之後台股的最高點9,220

圖 7.7 機械及電機設備進口值

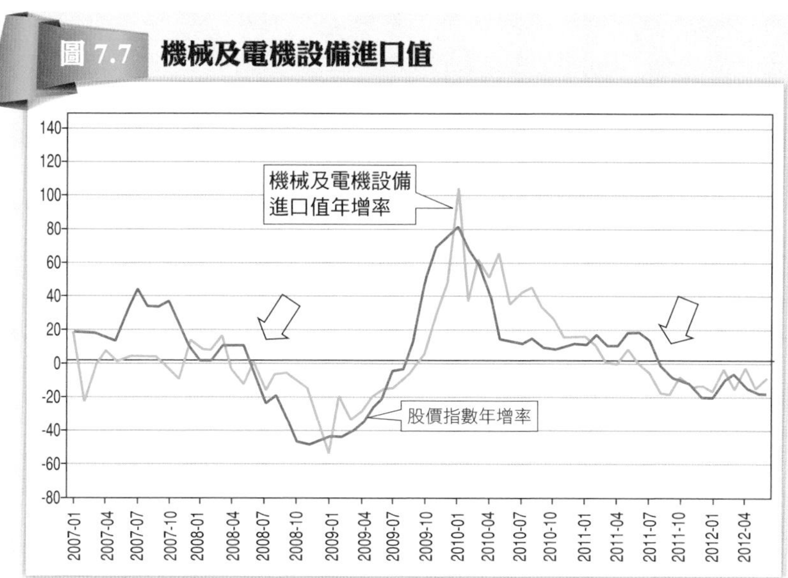

註：圖上的箭頭指的是當機械與電機設備年增率轉為負時，此時的企業投資保守，對於未來的景氣看淡或因能見度低而投資保守。

資料來源：行政院經建會（2012）。

點，6 月份最高點 9,089 點則是台股 8 月份崩盤之前的最高點，在經建會的指標裡頭，股市為領先指標，機械及電機設備進口值為同時指標，當這兩者皆走弱時，我們並不需要等到落後指標失業率上升才知道經濟已經轉壞。

詳細一點說明是：當景氣開始轉弱時，市場上的氛圍就像礦坑裡開始出現瓦斯外洩一樣，股市會先行反應。也就是說，礦坑裡的瓦斯一旦外洩，金絲雀開始死亡，企業投資將會減少，機械及電機設備進口值也會減少，最終礦坑爆炸致失業率大幅提升。

有了這層認知，投資人應該知道，當股市與機械及電機設備進口值皆轉弱時，最好不要留戀，如果更為精確一點的說是，當大盤的股價淨值比來到 1.9 以上，指數卻已經無法再創新高，此時可以選擇退場觀望；如果再看到機械及電機設備進口值出現連續衰退，許多企業庫存走高而且投資趨緩，就等於是為景氣衰退簽下了保證書，更確認之前的退場是正確的決定；如此一來，必然能夠躲開經濟衰退的風暴對於我們資產上的傷害。

7.7 M1B ——股市是用錢堆出來的？

當你買進 10 元的股票時，如果有人願意花 11 元買進自然就會上漲，因此投資人及報章雜誌非常關心的是：市場資金能量的多寡。就台灣多數人的消費習性來看，當人們手頭上的錢多時，自然比較願意以及比較有能力用較高的價格去買東西，台灣常用 M1B 跟 M2 的年增率來觀察市場上資金的多寡，尤其 M1B 更是多數股市投資人用來觀察股市資金動能的重要數據（**參見圖** 7.8）。

接下來我們來看台灣使用的各貨幣總計數的定義：

1. 貨幣總計數 M1A ＝通貨淨額＋企業及個人（含非營利團體）在全體貨幣機構之支票存款及活期存款。
2. 貨幣總計數 M1B ＝ M1A ＋個人（含非營利團體）在全體貨幣機構之活期儲蓄存款。
3. 貨幣總計數 M2 ＝ M1B ＋準貨幣。這些包括企業及個人在全體貨幣機構之定期性存款與外匯存款、郵政儲金總數，企業及個人持有全體貨幣機構之附買回交易餘額，外國人持有之新臺幣存款，以及兼營信託業務之銀行所發行之貨幣市場共同基金。如果再用比較簡單一點的說法是：M2 ＝ M1B ＋**定存**。

由於 M1B 的上升表示社會流通的貨幣以及活期存款增加，多數對於上列式子都是這樣的解讀，當 M2 的年增率下降且

圖 7.8 股價指數與 M1B 年增率

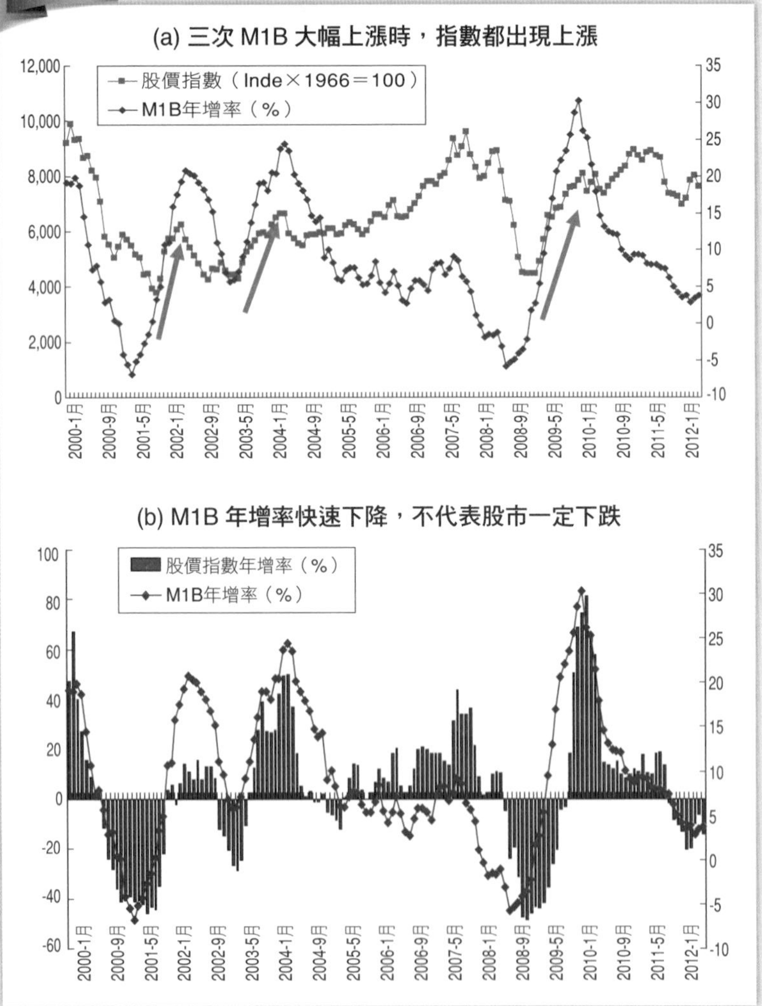

(a) 三次 M1B 大幅上漲時，指數都出現上漲

股價指數（Inde×1966＝100）
M1B年增率（%）

(b) M1B 年增率快速下降，不代表股市一定下跌

股價指數年增率（%）
M1B年增率（%）

註：由圖 b 的現象來看，年增率更為明顯，當 M1B 出現快速的上升時，股市年增率轉為正，而 M1B 年增率快速下降時，不代表股市一定會下跌。

資料來源：整理製作自經建會（2012）。

M1B 的年增率上升，表示資金由定存轉向活存，因此市場的資金增加，由於資金動能變多將會讓股市上漲，因此 M2 年增率下降與 M1B 年增率上升並交叉時，被稱為「**黃金交叉**」。相反的，M2 的年增率上升且 M1B 的年增率下降，資金由活存轉向定存，市場資金動能減少，將導致日後股市的下跌，因此被稱為「**死亡交叉**」。

不過，在 2005 至 2007 年之間，兩者曾經多次出現黃金及死亡交叉，但當時的股市卻還是持續多頭；因此，M1B 跟 M2 的交叉很難作為股市進出場的決策，而實際上投資人觀察 M1B 的走勢或許還更有意義（**參見圖** 7.8a、**圖** 7.8b）。

如果觀察 M1B 的變化還可以發現幾個現象：

1. 在 2001、2003 年以及 2009 年的共同現象（**參見圖** 7.9）：當景氣訊號燈號出現藍燈，且 M1B 年增率開始出現大幅上升時，由於股市已經在相對低檔的緣故，此時股市的漲幅也較大，尤其是 2001 及 2009 年之前，便出現了連續的年增率負數，因此在相對基期較低的狀況下，股市與資金的增幅就相對驚人。
2. M1B 年增率下降時，雖然股市未必走空，但股市的漲幅相對溫和。
3. M1B 的年增率轉負時，股市往往會伴隨著大幅修正，因此投資人千萬不要忽視資金退潮所產生的影響。

除了上述之外還要留意的一點是，M1B 的年增率大幅走升的時期，往往是利率在相對低檔的時間，當景氣有觸底的跡

圖 7.9 景氣對策信號燈與股價指數

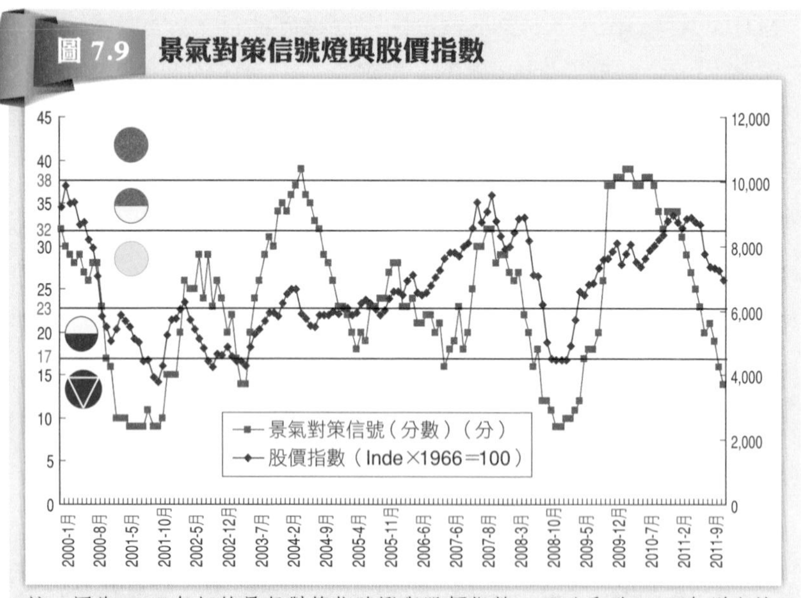

註：圖為 2000 年起的景氣對策信號燈與股價指數，可以看到 M1B 年增率快速走高前，景氣燈號都出現藍燈的訊號。

資料來源：整理製作自經建會（2012）。

象出現時，由於利率已在相對低點，此時資金成本相對較低，再加上風險偏好轉向加強，投資需求大幅增加而使 M1B 快速走高。而後因景氣回升使得通膨增溫利率轉而上調，資金成本的增加將使消費與投資相對謹慎，再加上基期已經走高，此時 M1B 的年增率增幅就相對縮小，由此可知，觀察 M1B 的時候如果可以搭配上利率的變化，對於資金行情的解讀將會較為完整。

前面提到藍燈之後 M1B 年增率快速的上揚，很重要的一點是前期年增率都曾經是負的衰退（但是 2003 年除外，當年僅出現 2 個藍燈且 M1B 年增率為正，不過那時的指數只在 4,400 點），但 2011 年 11 月開始連續藍燈之後，M1B 年增率都維持在 2% 至 4% 的成長，這或許是全球貨幣大寬鬆下的產物，但相對的也不易出現 10% 以上的大幅成長，以目前台灣的資產價格以及股市的位置來看，如 M1B 出現 10% 以上的年增率，恐怕會造成資產與股市急速的泡沫化！讀者就要留意 party 的即將結束。

135
130
125
120
115
110
105
100
95
90
2006
2007
2008
2009
2010
2011
2012
2013

附錄部分

金融家開盤八法

趨勢	環境	開盤量	表現
多	多	多	開高走高（暴量除外）
		空	開高震盪
	空	多	開低走高收紅或收上影線
		空	開低震盪
空	多	多	開高震盪
		空	開高走低收黑或收上影線
	空	多	開低震盪
		空	開低走低（低量除外）

【說明】

▶趨勢

簡單的趨勢分析可採用均線。以季線為例：季線往上，多方趨勢；季線往下，空方趨勢。

▶環境

利空消息或利多消息導致台股 9:00 開盤較前一個交易日收盤價開高（多）或走低（空）。

▶開盤量

大盤前 5 分鐘成交量，大盤指數 9:05 位置高於 9:00 開盤則是紅 K（多），反之則是黑 K（空）。

【彩色圖解版】

金錢爆之趣味投資學　直擊股、匯、債商品，散戶也能變大師

作　　者：葉俊敏
出　　版：葉子出版股份有限公司
發 行 人：葉忠賢
總 編 輯：馬琦涵
企劃編輯：范湘渝
專案行銷：高明偉
印　　務：許鈞棋

地　　址：222　新北市深坑區北深路三段 260 號 8 樓
電　　話：886-2-86626826
傳　　真：886-2-26647633
服務信箱：service@ycrc.com.tw
網　　址：www.ycrc.com.tw

印　　刷：柯樂印刷事業股份有限公司
ISBN　：978-986-6156-14-4
初版一刷：2013 年 11 月
初版二刷：2013 年 12 月
定　　價：新台幣 280 元

總 經 銷：揚智文化事業股份有限公司
地　　址：222　新北市深坑區北深路三段 260 號 8 樓
電　　話：886-2-86626826
傳　　真：886-2-26647633

國家圖書館出版品預行編目資料

金錢爆之趣味投資學：直擊股、匯、債商品，散戶也能變大師 / 葉俊敏著. -- 初版. -- 新北市：葉子, 2013. 10

面；　公分

彩色圖解版

ISBN　978-986-6156-14-4 (平裝)

1.總體經濟學 2.國際金融

550　　102017882

222-04
新北市深坑區北深路三段260號8樓

揚智文化事業股份有限公司　　收

□□□-□□
地址：　　市縣　　鄉鎮市區　　　路街　段　巷　弄　號　樓
姓名：

L9104

書名 金錢爆之趣味投資學──
直擊股、匯、債商品，散戶也能變大師

葉子出版股份有限公司

讀・者・回・函

感謝您購買本公司出版的書籍。
為了更接近讀者的想法，出版您想閱讀的書籍，在此需要勞駕您詳細為我們填寫回函，您的一份心力，將使我們更加努力！！

1. 姓名：______________
2. 性別：□男　□女
3. 生日／年齡：西元______年______月______日______歲
4. 教育程度：□高中職以下□專科及大學□碩士□博士以上
5. 職業別：□學生□服務業□軍警□公教□資訊□傳播□金融□貿易□製造生產□家管□其他______
6. 購書方式／地點名稱：□書店______□量販店______□網路______□郵購______□書展______□其他______
7. 如何得知此出版訊息：□媒體______□書訊______□書店______□其他______
8. 購買原因：□喜歡作者□對書籍內容感興趣□生活或工作需要□其他
9. 書籍編排：□專業水準□賞心悅目□設計普通□有待加強
10. 書籍封面：□非常出色□平凡通□毫不起眼
11. E-mail：______________________________
12. 喜歡哪一類型的書籍：______________________________
13. 月收入：□兩萬到三萬□三到四萬□四到五萬□五到十萬以上□十萬以上
14. 您認為本書定價：□過高□適當□便宜
15. 希望本公司出版哪方面的書籍：______________________________
16. 本公司企劃的書籍分類裡，有哪些書系是您感到興趣的？
    □忘憂草（身心靈）□愛麗絲（流行時尚）□紫薇（愛情）□三色堇（財經）□銀杏（健康）□風信子（旅遊文學）□向日葵（青少年）
17. 您的寶貴意見：

____

☆填寫完畢後，可直接寄回（免貼郵票）。